W0342277

Martin Nicholas Kunz

NORDAMERIKA SÜDAMERIKA EUROPA ASIEN AUSTRALIEN

best designed hotels in asien, australien & neuseeland

W 180° 165° 150° 135° 120° 105° 90° 75° 60° 45° 30° 15° 0° 15° 30° 45° 60° 75° 90° 105° 120° 135° 150° 165° 180° O

avedition lebensart

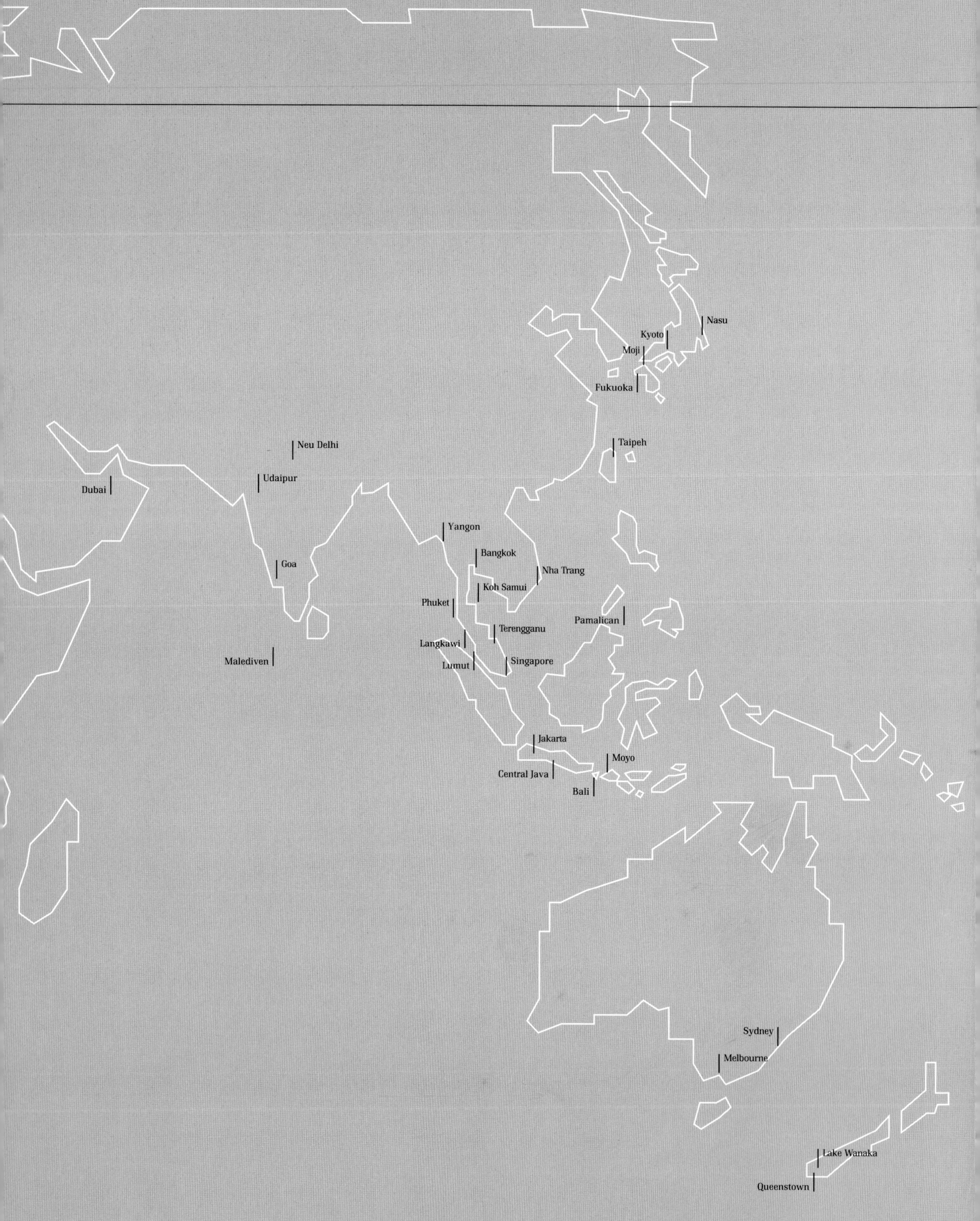

Nasu
Kyoto
Moji
Fukuoka
Taipeh
Neu Delhi
Udaipur
Dubai
Yangon
Bangkok
Nha Trang
Koh Samui
Goa
Phuket
Pamalican
Terengganu
Langkawi
Maledeven
Lumut
Singapore
Jakarta
Moyo
Central Java
Bali
Sydney
Melbourne
Lake Wanaka
Queenstown

„Schlafen mit den Augen…"

01

02

03

Während das Gros der Hotelwelt mit dem Charme einer leidenschaftslosen Fließbandgastronomie immer noch einen Wettbewerb der Hässlichkeiten ausficht, befindet sich die durchaus traditionelle Auffassung einer in jeder Beziehung vollendeten Gastronomie in einem Prozess der Revitalisierung.
Rund um den Globus suchen immer mehr Gäste immer mehr Gasthäuser, die mehr bieten als ein dichtes Dach über dem Kopf, eine unverschimmelte Matratze und ein freundliches Lächeln. Gesucht wird der Unterschied, das gewisse Etwas, die Unverwechselbarkeit, die Einzigartigkeit.

Anknüpfend an die „Belle Epoque" der Hotellerie mit ihren prunkvollen Palästen und stilvollen Villen, formt sich mit wachsender Geschwindigkeit auch heute wieder ein Hotelangebot der individuellen Leckerbissen für den anspruchsvollen Reisenden mit Stil und Geschmack.
Das vorliegende Buch fokussiert hierbei jene ganz besonderen Häuser, die über ihre Einzigartigkeit hinaus auch ästhetischen Ansprüchen genügen.

Merkwürdigerweise ist ein solches Angebot trotz überwältigender Nachfrage immer noch rar. Das mag zum Teil mit der zur Gleichgültigkeit entwickelten Toleranz zu tun haben, die viele Reisende ihren Gastgebern in puncto Stilsicherheit entgegenbringen. Zum anderen ist es die Art und Weise, in der sich Menschen generell mit Gestaltung auseinandersetzen – höchst widersprüchlich nämlich.

Oder wo würden Sie lieber zugreifen? Beim Caprese mit tiefroten, sauber geschnittenen Tomaten, akkurat dazwischengelegten Mozarellascheiben und treffsicher platzierten Basilikumblättern – serviert auf einem dicken, weißen Porzellanteller – oder würden sie lieber einen Tomatenkäsegrünblattmatsch von einer Plastikschale picken wollen? Richtig: „Die Augen essen mit", lautet das uralte und so einleuchtende Sprichwort.

„Die Augen schlafen mit…?"

Zugegeben, eine solche Metapher gibt es bisher nicht. Beim ersten Gedanken klingt es ja auch unlogisch.

01 | Figur eines thailändischen Adligen im Sukhothai, Bangkok.

02 | Japanischer Minimalismus im Hotel Il Palazzo, Fukuoka.

03 | Schwimmbad und Hauptgebäude des Nilaya Hermitage, Goa.

04 | Service im Sukhothai, Bangkok.

05 | Rezeption im Prince, Melbourne.

06 | Flure im Ryokan Tawaraya, Kyoto.

07 | Meditationsdeck am Lotusblütenteich im Four Seasons Bali at Sayan.

„Schlafen mit den Augen…"

08

09

10

Möglicherweise hat sich genau deswegen im menschlichen Gehirn eine gewisse Genügsamkeit festgesetzt, die da heißt: „Wenn ich schlafe, sehe ich sowieso nichts – ergo ist mir die Gestaltung eines Hotels egal". Nun weiß jedes Kind, dass man in Hotels für die „Übernachtung" bezahlt, es aber zwischen dem Eintreffen und dem Verlassen des Hauses auch eine Zeitperiode mit „offenen Augen" gibt.

Es mag Menschen geben, die es tatsächlich nicht berührt, ob sie in eine miefige, dunkle Lobby eintreten und erst einmal über den verstaubten Ficus Benjamini stolpern, oder ob sie ein freundliches, in Farben und Materialien perfekt ausbalanciertes Entree begrüßt.

Die überwiegende Mehrzahl der Menschen lässt solche Unterschiede sicher nicht kalt. Zur Stützung dieser Feststellung muss man keine psychologischen Studien bemühen, die die Wirkung der gestalteten Umgebung auf das menschliche Unterbewusstsein nachweisen. Jeder Mensch mit einem Restgehalt an Sensibilität wird dem aus eigener Erfahrung zustimmen. Dennoch ist die offensive Auseinandersetzung mit Gestaltung als „Qualitätsmerkmal für ein sinnerfülltes Leben" eher noch unterentwickelt. In Bezug auf Reisen und der Auswahl von Hotels denkt man in der Regel immer erst an Kriterien wie Kosten, Sauberkeit, Freundlichkeit oder Bequemlichkeit.

Allerdings ändert sich das merklich. Ein Gradmesser dafür ist unter anderem das rasante Wachstum, das die Hotelvermarktungsgesellschaft Design Hotels Inc. seit ihrer Gründung 1993 hingelegt hat.
Angefangen hat das innovative Unternehmen mit 10 Gründungsmitgliedern, Ende 2000 waren es bereits 100.

Als der Autor des vorliegenden Buches 1985 mit dem Morgans in New York erstmals in einer Architekturfachzeitschrift ein Hotel vorstellte, das Architektur und Design bewusst als tragendes Element des Gesamtkonzepts einsetzte, galt dies noch als höchst exotisch.
In den folgenden Jahren entwickelte sich die Avantgarde wie so oft jedoch immer mehr zum Mainstream. Schon 1995, als die Autoren ihre Recherchen für das erste Buch „design hotels" aufnahmen, ermittelten sie global bereits über 500 Hotels, deren Gestaltung sie als besonders gelungen einstuften.
Inzwischen schießen gestalterisch hochwertige Hotelkonzepte wie Pilze aus dem Boden. Bis zum Jahre 2005 rechnen Experten mit weltweit bis zu 5.000 solcher Adressen, von denen freilich viele nur Mitläufer sein werden, ohne Authentizität und persönliche Note. Die Kunst besteht darin, die Juwelen darunter heraus zu finden. Dies ist auch die Herausforderung, der sich die Autoren und ihre Mitarbeiter stellten und stellen.
In Kooperation mit design hotels™ und dem zwischenzeitlich aufgebauten, internationalen Netzwerk, haben sie für diesen Band die am besten gestalteten Hotels und Resorts in Asien, Australien und Neuseeland herausgefiltert.

Den ausgewählten Häusern liegt ein wohldurchdachtes und erkennbares Gesamtkonzept zugrunde: von der Architektur über das Interior Design bis hin zu einem Service, der aus innerer Überzeugung Lebensart zelebriert und voll auf die Bedürfnisse kosmopolitisch orientierter Geschäfts- und Freizeitreisender abzielt.
Und die sind vor allem neugierig! Sie wollen über den Tellerrand hinausblicken, immer Neues entdecken und stetig ihren Horizont erweitern.

11

12

In der Fremde suchen sie zuletzt nach dem heimischen Schnellimbiss.

„Bei uns fühlen Sie sich wie zu Hause" ist die wohl meistbenutzte Werbebotschaft in der Hotellerie – aber das Letzte, was diese Zielgruppe möchte! Die hier vorgestellten Hotels öffnen ihren Gästen immer neue Welten. Jedes ist ganz anders und hat seinen einzigartigen, faszinierenden Charakter.
Hinter jedem Entree gibt es neue Aspekte des Lebens zu entdecken, werden alle Sinne angesprochen. Sie sind meist der lokalen Szene entsprungen und durchweg eng mit ihr verwurzelt. Für die Gäste bedeutet das direkten Zugang zu den besten Restaurants, angesagtesten Bars und Clubs, kreativsten Läden und vielen anderen Geheimtipps.
Von der Ankunft an kann sich der Gast einheimisch fühlen, und selbst in kurzer Zeit intensiv das Beste und Feinste der jeweiligen Kulturen und Eigenheiten erleben.

Die Verantwortlichen dieser Hotelgattung wissen: Das wertvollste Gut ihrer Gäste ist Zeit. Aus diesem Grund steht an oberster Stelle des Servicegedanken, dem Gast effizient aber unaufdringlich zur Seite zu stehen. Er soll seine kostbare Zeit optimal nutzen können, er soll frei sein von mühevollen Recherchen und Organisationsaufgaben. Die Gastgeber möchten jeden Aufenthalt in ihren Häusern zu einem sinnbringenden Erlebnis machen – von der Ankunft bis zur Abreise. Unabhängig davon, ob es sich um eine kreative Schaffenspause an einem der schönsten Strände oder eine Geschäftsreise in eine pulsierende Metropole handelt. Oder um eine Kombination von beidem. Medien und öffentliche Meinung klassifizieren die als „Design Hotels" bezeichneten Häuser meist noch als zeitgenössisch bis avantgardistisch gestaltet, gerne auch mit asketischem Ambiente und kühler Atmosphäre. Auf der intensiven Suche nach neuesten Trends für In- und Outlisten mögen solche Attribute geeignet sein, für die Autoren sind ausgezeichnet gestaltete Hotels jedoch beständig bis zeitlos, wenngleich immer auch Spiegelbild der Gäste. Es geht aber nicht um Zeitgeist, sondern Gestaltungsqualität. Ganz nach dem Motto: „Es gab schon immer gutes, mittelmäßiges und schlechtes Design." Wenn wir Design als „das Resultat von intelligentem Erkennen und klugem Handeln" definieren, so repräsentieren die ausgewählten Hotels in diesem Buch das beste Design.

08 | Abendstimmung im Niki Club, Nasu.

09 | Durchgang zur Palace- und Devi-Garh-Suite im Devi Garh, Rajasthan.

10 | Legianfiguren am Pool des Serai, Bali.

11 |Wasserflugzeug- und Bootssteg des Kanuhura Beach Resort, Malediven.

12 | Leben wie ein Maharadscha im Devi Garh, Rajasthan.

al maha resort | dubai . united arab emirates

DESIGN: Rashid Taqui, Schuster Pechthold + Partners

Noch keine zwanzig Jahre ist es her, da war das zweitgrößte arabische Emirat ein großer Sandhaufen mit ein paar langweiligen Gebäuden, friedvollen Scheichs und einträglichen „Zapfsäulen" für schwarzes Gold. Trotzdem – oder gerade weil – die Ölquellen bald versiegen werden, mutierte Dubai in ein „booming country" und unternimmt alles, um sich als Verkehrsknotenpunkt,Handels-, Dienstleistungs- und Messeplatz zu etablieren, und sich als exklusives Tourismuszentrum im Mittleren Osten zu positionieren.

Ein Flecken Sand, auf dem sich Architekten und Bauingenieure noch austoben dürfen. Den fast das ganze Jahr über wolkenlosen Himmel kratzen im Quartalstakt neue Gebäude mit Höhenrausch. Erst gerade, als Milleniumsgeschenk, ließen sich die Herrscher auf einer eigens aufgeschütteten Insel vor Jumeirah Beach das bis dato wohl imposanteste Hotelgebäude der Welt hinstellen, in Form eines riesigen, 321 Meter hohen Segels. Mit der Einklinkung in den ATP Tenniszirkus und Golf Masters gibt sich Dubai auch ein Stelldichein als Sportstätte. Man kann darauf warten, bis Formel-1-Wagen im Kreis heißlaufen.

Zwar in höchst heißer Umgebung – da mitten in der Wüste – aber weitab von jeglichem Trubel, und doch nur eine Dreiviertelstunde Jeepfahrt von der Hauptstadt entfernt, hat die staatliche Fluggesellschaft Emirates eines der faszinierendsten und edelsten Beduinenlager erstellt.

02

03

01

01 | Einem Beduinendorf nachempfunden ist das bisher einzige Wüstenresort der Welt.

02 | Die 31 von 75 m² bis 375 m² großen Luxuszelte (inklusive zwei Königssuiten und einer Eigentümer Suite) haben alle ein eigenes Pool mit Holzdeck.

04

Die feudale Oase liegt inmitten eines 25 Quadratkilometer großen Wüsten-Naturschutzgebietes, das in der Ferne vom Hajar-Höhenzug abgeschlossen wird.
Die mit Segeltüchern überdachten Lehmgebäude fügen sich zu einer schnörkellosen Hotelanlage, die einem mit allem erdenklichen Komfort und aus der sicheren Distanz mit Klimanlage die Schönheit und Faszination der Wüste näher bringt.

Seinen Namen verdankt der Ort der arabischen Oryxantilope „Al Maha" mit ihren kennzeichnend langen Hörnern. Noch heute kann man sie mit bloßem Auge, oder besser mit den bereitliegenden Ferngläsern, von seiner Suite oder der Terrasse des Hauptgebäudes aus zusammen mit Gazellen bei der Tränke beobachten.

Architektur und Materialauswahl bei den Suiten orientieren sich an der traditionellen Bauweise von Beduinenlagern, freilich in luxuriöser Interpretation. Der legendäre Lebensstil und die Großzügigkeit der Wüste sind spürbar: vom geräumigen, kühlen Interieur, über die umlaufende Holzveranda bis hin zum erfrischenden Privatpool. Vielleicht ist die Möblierung etwas zu gefällig, zu kunsthandwerklich. Sessel und Sofa wirken ebenso wie die Leuchten nur bedingt authentisch. Die fetten Vorhänge und die sie zusammenbindenden Kordeln sind einfach spießig.

Trotz solch kleiner Anpassungen an vermeintliche Weltstandards mit dem Argument „die Gäste wollen das", überwiegt die Faszination der gesamten Anlage mit ihren vielen, perfekt verarbeiteten Details bei weitem.

03 | Eher gediegen klassisch ist die Innenaustattung der wohltemperierten Räume.

04 | Lehm ist neben Stoff der wichtigste Baustoff. Ähnlich wie bei einem Wüstenfort ist der Eingang zur Lobby eher klein. Dahinter entfaltet sich dann der pure Luxus.

01

Es taucht in kaum einem Führer auf, nirgendwo wirbt es. Ohne ortskundigen Fahrer würde man es niemals finden – so versteckt und nur über schmale Feldwege zu erreichen, liegt es auf einem dicht bewaldeten Hügel, gut eine Autostunde entfernt vom Flughafen Goa. Die optimale Voraussetzung für einen Geheimtipp also, mit angenehmem Sicherheitsabstand vor den touristischen Zentren, überfüllten Stränden, ghettohungrigen Pauschalreisenden und Non-Stop-Raverparties. Nach Hippies, Laschies und Families steigt Goa derzeit in der Gunst mallorcamüder Britpopper und Ibiza-Party-community-Coolies. Kurz: die 3700 Quadratkilometer große Provinz mit unendlich langen, meist palmenbesäumten Sandstränden, erfreut sich wieder wachsender Beliebtheit. Ähnlich wie bei anderen, massentouristischen Destinationen spielt sich glücklicherweise aber auch in Goa alles in kompakten Enklaven ab. Nur ein paar Kilometer davon entfernt beginnt das Paradies. So auch in Nilaya, was in Sanskrit „Himmel" bedeutet. Hat der Fahrer seine Gäste sicher zwischen stinkenden LKWs, Kühen, Hunden und unachtsamen Fahrradfahrern auf den höchsten Hügel von Arpora chauffiert, tickt die Uhr in einer anderen Zeit.

Panoramablick auf Palmenwälder und das Arabische Meer, sanft streichelnde, gut riechende Brise und bequeme Liegestühle bestimmen das Tun bzw. das gehobene Nichtstun. Am liebsten unterbricht man diesen Zustand nur zur ayurvedischen Massage, zum Goutieren der kreativen Küche auf Sterneniveau oder zum erquicklichen Plauderstündchen beim Sundowner. Kontaktchancen und Gesprächsstoff gibt es reichlich. Obwohl die sehr geräumigen Zimmer beste Rückzugsmöglichkeiten bieten, halten sich die Gäste bevorzugt um das Schwimmbad herum auf. Das klingt logisch, doch wer einen Blick ins Gästebuch wirft, erwartet die dort auftauchenden Namen eher in gut abgeschotteten Villenhotels und nicht in dieser geradezu familiären Atmosphäre. Aber genau der familiäre Charme mit seiner vollendeten Unkompliziertheit hat sich in der internationalen Kreativszene herumgeflüstert und, wer einmal da gewesen ist, kommt gerne wieder. Ganz gleich, ob der Londoner Leuchtendesigner, die amerikanische Dokumentarfilmerin, das indische Topmodel, der Internetunternehmer aus Bombay, die australische PR-Unternehmerin, der spanische Musiker oder der deutsche Starfotograf. Ob am Pool oder an der kleinen, aber überaus kommunikativen Freiluftbar – über kurz oder lang spricht jeder mit jedem. Man lernt sich kennen, tauscht Erfahrungen aus, bahnt Geschäfte an oder bandelt an. Geschichten entstehen. Der eben noch verschlungene Roman verliert auf einmal seine Spannung, wenn die Prinzessin aus Dubai ihren Auftritt zelebriert. Wenn ihre Freundin ihren Exfreund trifft, ihn seiner neuen Freundin ausspannt und die frischgebackene Ex sich neugierig um jeden begleitungsfrei verbleibenden Beau kümmert.

Die Anlage ist eben nicht einfach nur schön, sondern auch magnetisch. Neben Ruhe und Gelassenheit strahlt sie heftig Kreativität und Lebens-

nilaya hermitage | goa . india

DESIGN: Dean D'Cruz, Claudia Derain, Hari Ajwani

02

03

freude aus. Ein echtes Spiegelbild der Besitzer. Claudia Derain und Hari Ajwani trafen 1986 in Goa aufeinander und „wir verliebten uns", so Hari, der agile indische Ingenieur mit Studium in Berlin. Seine Claudia stammt aus Köln, kam als Diplomatentochter aber reichlich in der Welt herum, war lange in Paris und arbeitete dort zuletzt für Thierry Mugler. Beide zusammen sind eine energiegeladene Paarung, deren Phantasie und sympathische Ausstrahlung intensiv und bis ins kleinste Detail authentisch wirkt. Mit Nilaya verwirklichten sie ihr persönliches Traumhotel. „Wir wollten Ästhetik, Genuß und unaufdringlichen Service zusammenführen, denn es gehört zusammen", meint Hari und berichtet von ihren vielen lauwarmen Hotelerlebnissen, die das Paar dazu motiviert haben, es besser zu machen.

Das „Bessermachen" begann 1992 mit dem Kauf des 65.000 Quadratmeter großen Grundstücks auf dem Berg. Eine Standortwahl, dem viele keine Zukunftschancen einräumten. „Touristen wollen in Goa an die schönen Strände", so die einhellige Meinung. „Individualisten kommen zu uns" sagten Claudia und Hari. Und sie behielten recht. Exklusive Flecken wie ihrer sind inzwischen genauso begehrt wie Strandgrundstücke – und die Preise ziehen kräftig an. Bessermachen hieß für die beiden vor allem auch eine sinnliche Ästhetik zu kreieren. Mit Unterstützung des einheimischen Architekten Dean D'Cruz erschufen sie ein zeitgenössisches Märchen, das selbst dem strengen Architekturkritiker Respekt abverlangt.

01 | Einer Eruption der Phantasie entsprungen scheint die Gestaltung der Zimmer. Jedes ist anders und ein kleines Kunstwerk für sich. Hier das in Blautönen gehaltene Zimmer 5 unter dem Pooldeck.

02 | Dem Thema Sonne gewidmet ist dieser Nachbarraum in warmen Gelb- und Goldtönen.

03 | Etwas abseits liegt dieses Zimmer in einem organisch geformten Kuppelbau. Die an ein Garagentor errinernde Terrassentüre ist aus unbehandeltem Blech. Offenheit und Luftigkeit ist eines der Grundprizipien bei der Raumgestaltung.

04 | Entfernt vom Trubel der großen Strände blickt man von hier aus über die Palmenwälder auf die Arabische See.

05 | 06 Der besondere Charme des Hotels ist sicher auch in der Liebe der Besitzer für das Unauffällige begründet. Auch Details, denen sonst keine Aufmerksamkeit gewidmet wird, sind hier ästhetisch arrangiert.

Nach Vergleichen suchend, denkt man spontan: „ein Schuss Hundertwasser", nur eben nicht in dessen Ökokitsch abgleitend, sondern wirklich gekonnt.

Werkstoffe des Umlands vermengen sich gefühlvoll mit der Handwerkskunst Goas. Die organischen Formen der Gebäude, Materialien und kräftigen Farben passen perfekt zueinander. Möblierung, Stoffe, Accessoires und Beleuchtung ergänzen sich zu einer wunderbaren Harmonie. Jeder Blick öffnet neue „Entdeckungsfensterchen" und entlockt dem Ankömmling Bewunderungs-„Oh"s. Es hat etwas von einem begehbaren Gesamtkunstwerk, das die Phantasie zur Gestaltung der eigenen vier Wände anregt. Claudia und Hari scheinen das geahnt zu haben und haben mit „Sangolda" jüngst einen Einrichtungs- und Accessoiresladen eröffnet, der die Anzahl der kleinen und auch größeren Souvenirs erheblich vergrößert und den Inhalt des Geldbeutels dabei nur moderat reduziert.

Die 11 Gästeräume, die Bezeichnung Zimmer wäre ungerecht untertrieben, sind alle verschieden und in sich einzigartig. Benannt sind sie nach den kosmischen Elementen: „Sonne, Mond und Sterne, Wasser, Feuer, Erde und Luft". Nur eines hat richtige Fenster und ist auch während der Regenzeit im Sommer sicher zu bewohnen. Alle anderen sind mehr oder weniger offen, sei es durch ein Loch in der Dachkuppel zum Sternegucken vom Baldachinbett aus, oder sie haben nur durch Stoffbahnen geschützte, lichtflutende Wandöffnungen. Einige Duschen geben den Blick zum Himmel gänzlich frei, kein Bad und auch keine Toilette ist durch eine Tür vom Wohn- und Schlafraum getrennt. Dennoch verschließen sie sich neugierigen Blicken durch ihre schneckenförmigen Mauerwölbungen.

Selbst die Terrassen mit Fernblick über den Dschungel bis zum Ozean sind trotz ihrer Nähe zum Haupthaus und Pool so angeordnet, dass sie Ruhe und Privatsphäre ermöglichen.

Eine Einzigartigkeit ist der „Musikdom". Nach mehreren Farbänderungen nun in Blau und mit in die Wand eingelegten Marmorplättchen zur Perfektion gebracht, dient der Kuppelbau je nach Laune der Gäste zur Meditation, zum Relaxen oder als Tanzboden für eine spontane Party. Überhaupt ist vieles der Laune der Gäste überlassen. Sie sollen sich einfach wohl fühlen. So zählt das Nilaya zu den ganz wenigen Hotels auf der Welt, in denen es 24 Stunden Frühstück gibt, im Zimmer, am Pool, oder auf einer der Terrassen – Haris und Claudias Mitarbeiter würden Kaffee und Brötchen wahrscheinlich auch auf dem Tennisplatz servieren.

04

05

06

07

08

09

07 | Kommunikatives Zentrum der Anlage ist der Pool. Links ist das Hauptgebäude mit Küche, Lobby und Musikzimmer, links oben ist die Bar rechts oben auf der Terrasse befindet sich das Restaurant.

08 | Fenster gibt es fast nirgends. Stattdessen hängen große Stoffbahnen über den Maueröffnungen und sorgen für eine angenehme Belüftung.

09 | Meditatives Musikzimmer. Eine riesige CD-Sammlung lässt nur wenige Wünsche offen.

01

01 | Flur in der ersten Etage. Auf der linken Seite, hinter den transparenten Stoffrollos liegt die Dachterrasse

02 | Lobby mit holzvertäfelter Wand und Steinboden

03 | Blick von der Mitte des Treppenhauses zum ersten Stock

04 | Hinter dem gläsernen Entree befinden sich Lobby und Rezeption. Bei der Planung ließen sich die Architekten von Mies van der Rohes Barcelona-Pavillon inspirieren

02

03

the manor | new delhi . india

DESIGN: Vinay Kapoor, UrbaCon, Studio u+a limited, London

Das zweistöckige Haus mit 18 Zimmern in der indischen Metropole ist Vorreiter, und im Lande immer noch eines der ganz wenigen Hotels mit konsequent zeitgenössischem Design. Gleichzeitig ist es ein exzellentes Beispiel für Authentizität. Nicht wie so häufig, haben hier viele Köche das Menü zum Einheitsbrei verkommen lassen, sondern einer hielt alles in der Hand. Und er nahm sich die Freiheit, Entscheidungen nach seinem Geschmack und seiner persönlichen Überzeugung zu treffen. Der Designer Vinay Kapoor ist nämlich gleichzeitig der Eigner. Mit seinem Londoner Büro UrbaCon war Kapoor unter anderem maßgeblich an der Entwicklung der Canary Wharf beteiligt.

Die unverwässerte Handschrift ist sichtbar und erlebbar. Die Lobby erinnert ein wenig an den Barcelona-Pavillon von Mies van der Rohe. Von den öffentlichen Räumen mit Restaurant und Bar bis in die Zimmer und Bäder trifft eine geradlinige, fast strenge Architektur auf Ton in Ton abgestimmte Naturmaterialien. Farbige Steine und Holz stammen dabei ebenso aus der Region wie die Raumtextilien, Teppiche und seidenen Bettstoffe. Die einheimischen Handwerksmeister formten vom Architekten entworfene Holz- und Polstermöbel.

Sie woben kunstvolle Teppiche, verlegten Mosaiksteinböden und schnitten Kunstglasfenster zwischen Türen und als Beleuchtungsschlitze in Wände und Steinsäulen. Das feinfühlige Design, nicht übertrieben puristisch, aber auch kein bisschen verspielt und die akkurate handwerkliche Ausführung strahlen den Gast regelrecht an. Ein wahrer Luxus für alle Sinne.

04

05 | Hotel im Stil einer vornehmen Privatvilla. Nur 18 Zimmer gewährleisten ein Maximum an Privatheit. Hinter der Fensterfront befnden sich das Gourmet Restaurant „Seventy Seven" und die „Onyx Bar".

06 | 07 Flur im Erdgeschoss. Viele der Leuchten und Möbel haben die Designer eigens für das Hotel entworfen.

08 | Kreative Fruchtcocktails sind die Spezailität der noch alkoholfreien Onyx Bar.

09 | Individuell eingerichete und geräumige Zimmer unterstreichen den Wohnhauscharakter des Hotels.

10 | Sonnendeck. Ein exklusiver Ort für den abendlichen Cocktail zum Sonnenuntergang oder den ersten morgendlichen Espresso.

Im hoteleigenen Restaurant „Seventy Seven" serviert der Chef mit seinem Team eine kreative Mischung aus italienischer und indischer Küche. Die „Onyx Bar" wartet zwar noch immer auf ihre Alkohollizenz, ist derweil aber auch mit Fruchtsäften ein intimer Treffpunkt mit Geheimtippcharakter, und sicher einer der besten Plätze für Geschäftstreffen.

In der exklusiven „Friends Colony" im Südwesten der Stadt gelegen ist The Manor eine ästhetische Oase der Ruhe, die zudem mit jenem unaufdringlichen Service verwöhnt, den man sich immer wünscht, aber selten bekommt. Wer noch mehr Ruhe will, kann sich entweder in die Sauna zurückziehen, oder sich in die mit grünem Granit umgebene Badewanne legen und einfach den Aufenthalt genießen.

10

devi garh | udaipur . india

DESIGN: Navin Gupta, Gautam Bhatia, Rajiv Saini, Poddar Family

01

Eine knappe Stunde auf der gut gepolsterten Rückbank des Ambassador Classic dauert die nur 26 km lange Autofahrt vom Flughafen Udaipur bis zu dem derzeit einzigen indischen Palast mit zeitgenössischer, minimalistischer Innenarchitektur. Auf der kurzen Reise im Herzen von Rajasthan stellen sich einem nicht nur heilige Kühe oder Ochsen in den Weg, auch Hunde riskieren und lassen gelegentlich ihr Leben. Kamele schaukeln an der kaum zu erkennenden Bordsteinkante entlang, sogar Elefanten, Schweine und Affen tragen zur Verkehrsbelebung bei.

Dabei wären die von Menschen gesteuerten Jeeps, phantasievoll bemalten Lastwagen, Dreirad-Transporter, Rikschas und allerlei Leiterwagen schon aufregend genug. Spätestens nach dem siebten „Beinahetod" begreift man den Gleichmut der Inder, drückt sich etwas tiefer ins Sitzpolster und versucht sich in den diversen Stufen der Gelassenheit.

Devi Garh – auf einem gut sichtbaren Straßenschild weist ein Pfeil nach rechts zu einer Toreinfahrt, die ein Wachmann salutierend öffnet. Der Ambassador biegt um die Ecke auf einen staubigen Feldweg ein, fährt noch eine langgezogene Kurve um einen Hügel herum – und man muss sich unweigerlich die Augen reiben. Wie eine Fata Morgana baut sich der ockergelbe Märchenpalast vor einem auf. Strategisch gut positioniert auf einem Hügel liegt der im 18. Jahrhundert als Fort erbaute Palast umgeben von dem Dorf Delwara, fast versteckt zwischen den rotbraun schimmernden Aravali Bergen, an einer der drei Hauptverkehrsadern zwischen Udaipur und Jaipur.

Im Laufe seiner Geschichte wandelte sich das Anwesen von einem geschützten Ort des Rückzugs immer mehr in einen filigranen Palast, bis er in den 60er Jahren schließlich in den Besitz der Landesregierung von Rajasthan überging, um fortan dem schleichenden Verfall ausgeliefert zu sein.

Mit viel Geld und noch mehr Enthusiasmus ersparte die aus einer wohlhabenden Industriellenfamilie stammende Lekha Poddar dem Prunkstück nicht nur dieses Schicksal, sondern formte daraus eine der gelungensten Symbiosen aus historischer Substanz und zeitgenössischer Architektur.

02

01 | Die Wurzeln dieses einzigartig renovierten Märchenpalasts in der Nähe von Udaipur reichen bis ins 18. Jahrhundert zurück.

02 | Filigrane, orientalische Formen zeugen vom einstigen Prunk der Maharadschas und ihrer Liebe zu kunsthandwerklichen Details.

Jeder Quadratzentimeter strahlt die Leidenschaft aus, die Frau Poddar in das Projekt investiert hat. Ganz im Sinne des alten indischen Adels, der ohne festgesteckte finanziellen Grenzen seine Träume bauen ließ und die für uns heute so faszinierenden Paläste schuf, hat wohl auch die neue Eigentümerin bar jeder betriebswirtschaftlichen Vernunft ihren ganz persönlichen Traum eines in der Welt einzigartigen Luxushotels verwirklicht.

Kaum zu glauben, dass das riesengroß erscheinende Anwesen nur 23 Suiten beherbergt. Doch Lekha Poddar setzte ganz bewusst auf Exklusivität, so als würde sie in dieser imposanten Kulisse am liebsten nur ihre Freunde zu Privatfesten empfangen.
Bis ins kleinste Detail ist alles vom Feinsten. Von der perfekt ins Mauerwerk versteckten Klimaanlage, über die seidengestickten Kissen, die Wasserschale mit Lotusblüten, die Marmorschalen mit Pistazien und Mandeln bis hin zum Zahnputzbecher oder den handgefertigten Hausschuhen.

Der Spaziergang durch die Anlage gleicht einer Entdeckungsreise. Jeder Schritt verdeutlicht die Intensität mit der Poddar und ihr Planungsteam von „The Architecture Alliance" mit Navin Gupta und Gautam Bhatia (Delhi) sowie dem Innenarchitekten Rajiv Saini (Bombay) ans Werk gingen. Seit dem Kauf des vom heißen Wüstenwind schon angefressenen Palasts 1990 haben sie zehn Jahre geplant und gebaut. Immer mit neuen Überraschungen und Entdeckungen, stets mit dem Willen, Neues zu kreieren ohne die Authentizität des geschichtsträchtigen Gebäudes zu zerstören.

Von Anfang an integrierten sie die Denkmalpflegebehörde INTACH, die unter anderem dabei half, originale Wand- und Deckengemälde zu identifizieren und zu restaurieren.

Im Kontrast zu der mit reichlichen Verzierungen verzückenden, orientalischen Gebäudearchitektur steht die minimalistische Innenraumgestaltung. Unzählige Erker, Türmchen, Vordächer, Kreuzgänge, Brücken, Terrassen, Balkone und Innenhöfe treffen auf Fußböden, Bettensockel und Einbaumöbel aus edelstem, weißen Marmor, der in der unmittelbaren Nachbarschaft gewonnen wurde. Polstermöbel und Sitzkissen in den weit ausladenden Erkern mit Panoramablick auf die umliegenden Hügel sind aus feinsten Leinen gewoben. Reminiszenz an jahrhundertealte Handwerkskunst und gleichsam eine zeitgenössische Interpretation sind die perfekten Einlegearbeiten in Marmor. Abstrahierte Blumenmotive, Linien und einfache Ornamente unterbrechen das schlichte Weiß der Marmorböden und glatt verputzten Wände.

Auch wenn nicht nach jedermanns Geschmack, schadet diese Art Zierde dem ästhetischen Gesamteindruck wenig – und der gleicht einem hundertgängigen Menü für die Augen. Für mindestens eine Woche gibt es immer neue optische Reize zu entdecken – aber auch ayurvedische Massagen, feinstes Essen mit täglich wechselnden Thali Variationen, einen Pingpong Pavillon, sogar Tennis oder einfach Ruhe und Entspannung.

03

04

05

06

03 | Böse Geister müssen draußen bleiben. Masken und Symbole sind nicht nur dekorativ, sondern erfüllen auch einen guten Zweck.

04 | Die meisten Suiten haben einen solchen „besitzbaren" Erker mit Panoramablick auf die umliegenden Aravali Hügel.

05 | Jede der nur 23 Suiten hat einen anderen Grundriss und ist verschieden eingerichet. In diesem Raum hängt über dem Bett eine Bildergalerie mit hinduistischen Motiven.

06 | Im Vordergrund der imposanten Palasts befindet sich das Hauptschwimmbad, darunter sind Spa- und Fitnesseinrichtungen. Den Gast erwarten unter anderem auch ayurvedische Massagen.

07

08

09

07 | Im Unterschied zur reich verzierten Kulisse des Palastes, sind die Suiten eher minimalistisch eingerichet. In den stufenförmig aufgebauten, weißen Marmorboden sind bildhafte Motive eingelegt.

08 | Kleiner Rastplatz hinter der gut einen Meter dicken Schuzmauer

09 | Devi Garh Suite und Palace Suite teilen sich diesen Pool

10

10 | Eingang zum Hauptrestaurant mit restaurierten Wandmalereien

begawan giri estate | bali . indonesia

DESIGN: Cheon Yew Kuan, Terry Fripp, Ratina Huliono, Debbie and Bradley Gardner

Balis „Begawan Giri Estate" zählt zu jenen Hotelprojekten der Superlative, bei der die Verwirklichung aller Vorstellungen gar nicht in ein Gebäude herein gepasst hätten. So sind es nun fünf Residenzen, die sich majestätisch auf einer Hügelkette über der Schlucht des Ayung-Flusses aufbauen. Die auf einem 12 Hektar großen Grundstück verteilte Luxusanlage ist 20 Autominuten von Ubud und rund eine Stunde vom Flughafen Denpasar entfernt. Die mystische Landschaft aus Dschungel und Reisterrassen, verbunden mit der Spiritualität der farbenfrohen balinesischen Bevölkerung, hat diese Umgebung zu einem der bevorzugten Orte der „stillen" Luxushotellerie gemacht. Zusammen mit dem Begawan Giri gibt es in direkter Nachbarschaft vier Weltklasse-Resorts und weitere sind im Bau bzw. in Planung. Trotz dieser Ansammlung von Luxus oder vielleicht gerade deswegen ist bis dato nichts von den, sonst häufig auftretenden, negativen Folgen touristischer Entwicklungen zu spüren. Im Gegenteil: gerade nach Einsamkeit und Schönheit Suchende finden hier ihre Erfüllung. In punkto Exklusivität ist der „Berg des weisen Mannes" – so die Übersetzung von Begawan Giri – allerdings kaum zu überbieten. So ist es auch weniger ein Hotel als vielmehr ein kleines Dorf aus fünf ganz unterschiedlich, auf jeden Fall aber einzigartig, gestalteten Villen.

In den späten 80er Jahren besuchten die heutigen Eigentümer, das wohlhabende und weltreisende Paar Bradley und Debbie Gardner aus London, erstmals die Götterinsel und kamen seither nicht mehr von ihr los.

01

01 | Tejasuara oder „Klang des Feuers“ heißt diese Villa. 1.200 Tonnen Steine haben die Eigentümer dazu von Sumba nach Bali transportieren lassen

02 | Blick in eine Suite der Residenz Wanakasa bzw. „Nebelwald“. Hinter dem Bett knistert ein offener Kamin. Die Villenanlage hat fünf Suiten, die luftig über dem Dschungel der Ayung Schlucht thronen

03 | Schlafgemach einer Suite der Tirta Ening Residenz

02

03

04 | Halboffener Wohnraum in der „Bayugita" Residenz

05 | 06 Die „Tirta Ening" Residenz – „Klares Wasser" ist am minimalistischsten gestaltet. Tagesbett auf halboffener Terrasse und Blick auf einen der von Wasser umgebenen Pavillons.

Zur Jahrtausendwende endlich, nach langwieriger Grundstückssuche, ausgiebigen Planungs- und Bauarbeiten, hatten sie ihren Traum in Stein, Lehm, Holz, Metall, Stoff und Wasser leibhaftig vor Augen und konnten die ersten Gäste in ihrem Refugium empfangen.

Jede der in den fünf Gebäudekomplexen untergebrachten 22 Suiten ist als eine, in sich geschlossene Wohneinheit mit separaten Eingängen angelegt. Nur an den Pools, die sich die Bewohner je einer Residenz teilen, gibt es gute Chancen, während des Aufenthalts auch anderen Gästen zu begegnen.

Ansonsten darf man sich seiner Privatheit gewiss sein.

Die Architektur orientiert sich stark an der traditionellen, balinesischen Bauweise und unterscheidet sich äußerlich auf den ersten Blick nur wenig von den anderen, oft nicht minder anspruchsvollen Gebäuden über dem Ayung-Fluss. Detaillierung und Innenraumgestaltung zeugen jedoch von gut durchdachter, nutzungsorientierter und gleichzeitig poetischer Planung. Das von dem malayischen Architekten Cheong Yew Kuan in enger Abstimmung mit den Eigentümern entwickelte Projekt ist eine wahre Augenweide für ästhetisch empfindsame Menschen. Minimalismus wechselt mit kunsthandwerklichen Schnitzarbeiten, großflächige Verglasungen mit massivem Mauerwerk, Holzterrassen mit Steintreppen, klotzige Sessel mit filigranen Stühlen, fette Liegesofas mit feinen Baldachinbetten.
Das zweistöckige „Bayugita" – „Windlied" in teilweise zeitgenössischem, balinesischem Stil war die zuerst fertiggestellte Residenz. Zeugnis der Tradition sind die üppigen Holzschnitzereien an Wänden, Säulen und Möbeln. In der ersten Etage ist eine riesige Terrasse mit Blick über die Schlucht in den Dschungel und auf Reisterrassen. Daneben liegt das „Tirta-Ening" – „Klares Wasser", eine eher minimalistische, von Wasser umgebene Einheit in Holz- und Steinkonstruktion, die vier Suiten beherbergt. Ein optischer Leckerbissen ist der schmale, lange Pool, der wie ein Hochsitz über der Schlucht thront. Die dritte Residenz, „Tejasuara"–„Klang des Feuers" besteht in großen Teilen aus Steinen, die Bradley Gardner auf der indonesischen Insel Sumba eingesammelt hat. Insgesamt 1.200 Tonnen hat er nach Bali transportiert. Die stützenden Holzpfähle sind aus dem einheimischen Merbauholz, eine inzwischen geschützte Holzart, die wegen ihres geraden Wuchses früher für Telegrafenmasten verwendet wurde. Im Südosten des Grundstücks liegt „Wanakasa" –„Nebelwald" eine Pfahlbau-Villa mit fünf Suiten. Hoch über den Wipfeln hat man das Gefühl, in einem Dschungel-Baumhaus zu nächtigen.

Mit reichen Verzierungen, üppiger Dekoration und filigranen Schnitzereien macht schließlich das an einen Palast erinnernde „Umabona" – „Haus des Erdensohns" seine Aufwartung. Dominante Werkstoffe sind Teakholz und Stein, die der Architektur Schwere und Gediegenheit verleihen, ohne jedoch in Kitsch abzugleiten.

Mit seiner Exklusivität, die sich auch in den Preisen ausdrückt, ist das Resort sicher nicht die richtige Adresse für jedermann. Vielleicht aber gerade für jene, die sich nur einmal im Leben etwas ganz Besonderes leisten möchten – hier kann man es bekommen und es lohnt sich.

07 | Leben wir in einem Luxus Baumhaus. Holzstege verbinden die Gebäude der Wanakasa Residenz

08 | Umabona – „Haus des Erdensohns" heißt diese Residenz

01

02

03

01 | Der Pool über der Ayung-Schlucht ist alleine schon ein Besuch wert. Beim Schwimmen scheint er endlos in den Tropenwald zu fließen.

02 | Rezeption und Lobby. Dahinter befindet sich die Hotelbibliothek mit beachtlicher Buchauswahl.

03 | Hauptgebäude. Unten befindet sich die Pool Bar, darüber das Terrassenrestaurant und dahinter die Lobby.

the chedi | bali . indonesia

DESIGN: Kerry Hill Architects

04 | Die aus einheimischen Holzarten gefertigten Möbel haben balinesische Handwerker nach den Entwürfen der Designer gefertigt

05 | Im Hauptrestaurant wird Frühstück, Mittag- und Abendessen serviert.
Die exzellente Küche bietet eine Mischung aus Europa und Asien.

Gäbe es ein Ranking der 100 Top Hotelpools in der Welt, das Chedi Ubud wäre ganz vorne mit dabei. Steigt man von der Poolbar kommend ins Wasser und legt zum Schwimmen an, scheint es endlos durch den Dschungel in den Himmel zu reichen. Dabei ist der Trick ganz einfach: Es ist bis an den Rand einer Schlucht gebaut. Genau unterhalb des randlosen Kopfendes schlägt der heilige Ayung Fluß eine scharfe Biegung und verläuft weiter in der gleichen Flucht des anthrazitfarbenen Pools. In Sichthöhe der Wasseroberfläche entsteht der Eindruck, als wäre es ein Viadukt über dem Flußtal, links und rechts besäumt von bewaldeten Hügeln. Das Chedi liegt rund 8 km entfernt vom Künstlerort Ubud an exponierter Stelle, zwischen Tropenwald und Reisfeldern.

04

05

06

07

06 | Hinter den Betten befindet sich dieses, in jedem Zimmer anders ausfallende "Wandbild" der Natur.

07 | Moderne Sachlichkeit bestimmt die Innenarchitektur der 54 Standardzimmer.

08 | Offenes Wohnen ist ein Grundprinzip der balinesischen Architektur. In den Suiten liegt selbst das Bad mehr oder weniger im Freien.

the chedi | bali . indonesia

Die von Kerry Hill geplante und von dem etwas preis-werteren Amanresorts-Ableger GHM-Hotels betriebene Anlage hat 54 Zimmer und 6 Suiten-villen, die auf Stelzen wie Baumhäuser über der Schlucht stehen. Im Stil einer kleinen Siedlung, gibt es entlang der Schlucht 14 zweigeschossige Blocks mit jeweils vier Wohn-einheiten. Die Architektur bedient sich traditioneller Bauweisen, transformiert diese jedoch in eine strenge Geometrie. Glatte Putzwände und Beton treffen auf Stroh-dächer, Terrakottaplatten auf Kiesel- bzw. Bruchsteine, Holz auf Glas und alles zusammen auf tropische Pflanzen.

Ein besonders schönes Detail ist der Naturbilderrahmen. Eingefaßt zwischen zwei schmalen Glasfenstern, befindet sich hinter den Betten eine schrankähnliche Holzwand mit zwei „Möbeltüren". Werden sie geöffnet, blickt man in jedem Zimmer auf ein anderes Stück Natur.

08

09

10

09 | Sorgfältige Details: Ablage auf Natursteinplatten. Das rahmenlose eingefügte Fenster trennt Innen und Außen.

10 | Verputztes Mauerwerk und Strohdächer kenn-zeichnet die Architektur der zweigeschossigen Reihenhäuser, in denen die Standardzimmer untergebracht sind.

01 | 02

03

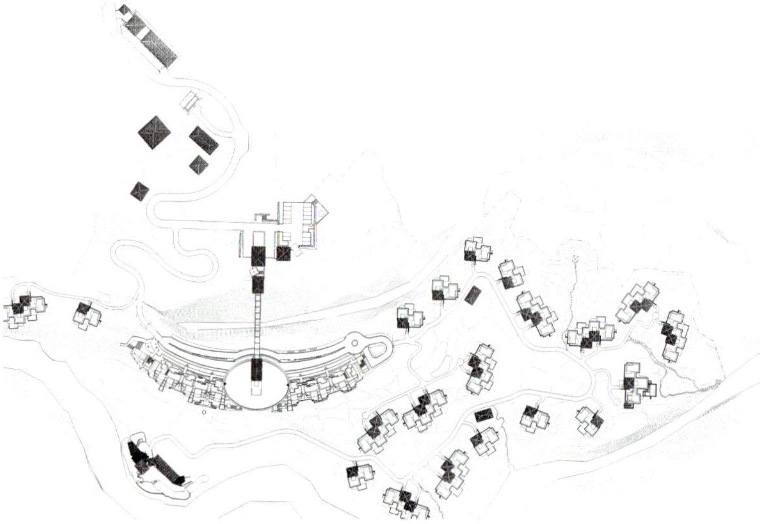

four seasons resort bali at sayan | bali . indonesia

DESIGN: John Heah

04

01 | Blick vom Treppenhaus in die Lounge mit Bar. Am Ende des elliptisch geformten Gebäudes schützt ein schmaler Wassergraben vor dem Absturz in die Reisfelder.

02 | Unter dem Dach mit Teich befinden sich Lobby, Bar und Lounge. Im ersten Obergeschoß ist das Restaurant, darunter liegen Spa und Fitnesscenter.

03 | Um das Hauptgebäude scharen sich 28 Luxusvillen mit eigenem Pool.

04 | Lotusblütenteich auf dem Dach des Hauptgebäudes. Der Weg links unten ist der Elektroauto-Zubringer zu den Villen

Mit Superlativen sollte man vorsichtig umgehen. Aber wie sonst sollte man dieses innovative Stück Architektur zwischen Tropenwald, Reisfeldern und heiligem Fluß beschreiben, als einfach einmal festzustellen: Das „Four Seasons Resort Bali at Sayan" ist der beeindruckendste Hotelneubau der letzten Jahre. Was der in Malaysia geborene und in London lebende Architekt John Heah zusammen mit seinem achtköpfigen Team in den Hügel setzte, findet nichts Vergleichbares. Einzigartig ist schon das elliptische Hauptgebäude, von dem der ankommende Gast zunächst nur den Lotusblütenteich erfasst.
Über eine von Stahlzügen getragene, hölzerne Brücke gelangt man über eine Schlucht zur Rezeption.
Die ist allerdings unsichtbar, bis man über eine Treppe, die frei zu schweben scheint, in den Teich „abtaucht" und den „Bauch des Raumschiffs" betritt. In drei verschiedenen Ebenen sind dort die Lounge, Restaurant mit separaten Konferenzräumen sowie Spa und Fitnesscenter untergebracht. Die einzelnen Etagen schützt ein weit ausladendes Dach vor Regen und Sonne. Dennoch hat man das Gefühl, vollkommen im Freien zu sitzen. In der Lobby trennt ein umlaufender Wasserkanal wie ein Orchestergraben das Publikum von der Bühne der üppigen Natur.

05

05 | Lounge und Bar in Abendstimmung.

06 | Die Holztreppen auf Stahlrohrträger erschließen das Hauptgebäude im Innern. An beiden Außenseiten befinden sich dazu noch Steintreppen.

07 | Grundrisse der drei Stockwerke.

08 | Zugang zu den Duplex-Suiten im Hauptgebäude. An der abgeschrägten Wand rechts fließt Wasser herab, das sich in einem künstlich angelegten Bach am unteren Ende sammelt.

06

08

07

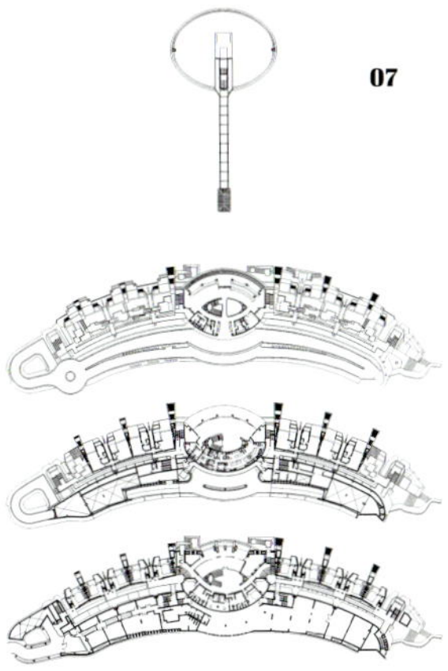

09 | Badezimmer mit Blick auf den Ayung River.

10 | 11 Alle Villen haben einen privaten Pool und einen kleinen Lotusblütenteich auf dem Dach.

09

10

11

four seasons resort bali at sayan | bali . indonesia

Untermalt vom Gezwitscher tropischer Vögel in Begleitung der meditativen Gamelanmusik, ist es ratsam, sich in die Nase zu zwicken, um festzustellen: es ist die Insel der Götter, aber es ist echt! In den tempelartigen Seitenflügeln des Hauptgebäudes befinden sich 18 Suiten. Verbunden sind sie mit Innen- und Außentreppen, Holzbrücken und Steinfluren, ergänzt durch Kanäle und Wasserfälle. In Luxus und Lage nur schwerlich zu überbieten sind jedoch die 28 Luxusvillen. Vom Hang aus betritt man sie über das flache Dach und gelangt über eine Treppe in das im Freien liegende Wohnzimmer, ins Schlafgemach mit Himmelbett, das riesige Bad mit Freidusche und zur eigenen holzbeplankten Terrasse, die das private Schwimmbecken umgibt.

12

13

12 | Freiluftdusche in einer der Villas.

13 | Überdachtes Wohnzimmer im Freien.

the legian | bali . indonesia

DESIGN: Jaya Ibrahim

01

02

01 | Um den Aufzugturm mit tempelartigen Dächern führen die offenen Flure zu den 71 Suiten.

02 | Nahezu alle Suiten haben einen Blick über den Pool auf den grandiosen Strand von Legian. Auf Bali ist er einer der schönsten und vor dem Hotel auch nicht mehr so bevölkert wie weiter im Süden in Kuta.

03 | Eine der besonders zu empfehlenden, großen Eckterrassen mit Meerblick. Die Couches sind der perfekte Ort zur Entspannung.

Die Wellen sind majestätisch, der Strand ist lang und der Sand weiß. Ideale Voraussetzungen also für bauliche Erschließungen.
Davon wurde auch reichlich Gebrauch gemacht. Am kilometerlangen Traumstrand an Balis Südwestküste reiht sich ein Hotel ans andere. Hier spielt sich gut 90% des gesamten touristischen Lebens ab.
Etwas nördlich von Seminyak ist „The Legian" jedoch schon außerhalb des Trubels in bevorzugter Lage.
Bis auf Weiteres, denn die Planungen sehen auch in diesem Gebiet, das noch weitgehend unberührt ist, weitere Bebauungen vor.

„The Legian" wurde ursprünglich als Gebäude mit Ferienappartements geplant. Das kommt dem fünf Sterne Haus sehr zu Gute, auch wenn Hochbau und Innenarchitektur wegen ihrer unterschiedlichen Planungsansätze nicht ganz miteinander korrespondieren.

03

04

05

06

04 | Gebäude- und Landschaftsarchitektur sind eng miteinander verwoben. Öffentliche Räume und Übergänge sind mit eigens dafür entworfenen Möbeln und kunsthandwerklichen Gegenständen ausgestattet.

05 | Fantasievoller „Bitte nicht stören“-Anhänger.

06 | An einem Kranz unterhalb der Decke befinden sich Reihen mit eingelassenen Halogenleuchten, die für gleichmäßiges Licht sorgen.

the legian | bali . indonesia

07

In der maximal erlaubten Höhe einer Palme gebaut, umfasst das Hotel heute insgesamt 71 Suiten. Alleine 14 davon haben zwei Schlafzimmer und eine Grundfläche von 150 m² plus Wohnterrasse mit Blick auf Pool, Strand und indischen Ozean. In ihrer Einrichtung achtete der aus Jakarta stammende und einige Jahre als Partner von Anouska Hempel in London lebende Innenarchitekt Jaya Ibrahim auf zeitlose Eleganz.

Bei der Farbgebung und Materialauswahl ließ er sich vom Ozean inspirieren. Die von einheimischen Handwerkern gewobenen Stoffe sind aquamarin, die Terrazzo Fliesen im Bad sandfarben. Der Parkettboden aus balinesischem Mahagoni und die eigens entworfenen Möbel erinnern an die Ausstattung alter Luxusdampfer.
Im Verhältnis zur Größe der Räume, der Lage und den Zusatzangeboten, wie Sauna, Restaurant, Poolbar und Fahrradverleih sind die Preise moderat. Gut geeignet und noch preiswerter ist das Hotel für Familien und Kleingruppen.

07 | Wohnzimmer im Abendlicht. Die Doppeltüre führt auf die Terrasse.

the serai, manggis | bali . indonesia

DESIGN: Kerry Hill Architects

Zitate traditioneller, balinesicher Baukunst hat der in Singapur lebende, australische Architekt Kerry Hill kunstvoll in seine zeitgemäße, minimalistische Architektur verwoben. Formen der europäischen Moderne und die offene, tropische Bauweise bilden hier eine beispielgebende Symbiose. Mit sicherer Hand zeigt Hill, wie man Funktion, Eleganz, Luxus und Wohlbefinden schaffen kann, ohne sich in explosiver Dekoration zu verlieren oder in protzigen Kitsch abzugleiten. Das Spiel mit Licht, Wasser, Pflanzen und geometrischen Formen schafft Details, an denen man sich gar nicht genug satt sehen kann. Ebenso wenig wie man endlos essen könnte, wenn es der Magen zulassen würde. „The Serai" bietet als Besonderheit einen Kochkurs an. Die Kunst der leichten balinesischen Küche wird mit australischer Raffinesse zu unwiderstehlichen Dinners verknüpft, die man in dem überdachtem „Open Air"-

Restaurant gemeinsam mit dem Küchenchef verspeist. Begleitet werden die Kurse von Ausflügen zu den schönsten Reisterrassen der Welt am Fuße des 3.000 Meter hohen Agung Vulkans.

Um den palmenbesäunten Pool mit Ozeanblick herum gebaut sind drei zweigeschossige Gebäude mit den 56 Zimmern und 2 Suiten. Die Einrichtung ist schlicht, schön und zweckmäßig. Im oberen Geschoss werden sie mit einer kleinen Terrasse mit Tagesbett ergänzt. „The Serai" liegt im Südosten von Bali, fünf Autominuten vom Amankila entfernt, dessen schöneren Sandstrand die Gäste mitbenutzen können.

01

02

03

01 | Das von dem Architekten Kerry Hill erbaute Serai zählt zu den gelungensten Beispielen moderner asiatischer Resorts. Weit ausladende Dächer in traditioneller Konstruktion bilden einen Kontrast zu den zurückgesetzten Innenräumen mit weißen Putzwänden.

02 | Unter dem Baum auf der Klippe befindet sich einer der über eintausend balinesischen Tempel.

03 | Wasser, Pflanzen, Licht und geometrische Formen bilden eine beispielgebende Harmonie.

04 | Weißes Mauerwerk, Teiche und Steinwege wechseln sich gegenseitig ab.

05 | Eingänge zu den Gästezimmern. Hinter den Holzgittern befinden sich die Duschen.

06 | Deluxe-Zimmer in der oberen Etage. Auf der Terasse stehen Diwane mit Blick auf die Poolanlage.

07 | 08 Treppenabgang zu einem Erdgeschoss-Zimmer...

09 | ... vor den Eingängen ist ein Seerosenteich angelegt.

06

07

08

09

amanjiwo | central java . indonesia

DESIGN: Edward Tuttle

01 | Inspiriert von buddhistischen Tempeln hat Edward Tuttle die Anlage erbaut. Hier der Eingang zur Lobby mit dem pagodenartigen Kuppeldach.

02 | Auf der einen Seite umgibt die Poolanlage ein Säulengang, auf der anderen Seite herrscht freie Blick auf die umliegenden Reisfelder.

0

0

03 | Die Suiten sind luxuriös und elegant, aber dennoch reduziert ausgestattet.

04 | Privatpool einer Suite. Die Villen sind aus Kalksandstein.

In Sanskrit bedeutet Amanjiwo „friedliche Seele". Eine Titelei, die das zwischen Reis- und Gemüsefeldern, von Hügeln und vier Vulkanen umgebene Resort im Zentrum der indonesischen Insel Java passend beschreibt. In direkter Nachbarschaft zu einem der größten buddhistischen Heiligtümer, dem Borobudur-Tempel, ist die Anlage idealer Ausgangspunkt zur Erkundung dieser einzigartigen Sehenswürdigkeit und den vielen anderen umliegenden Buddha-Statuen. Inspiriert durch die Spiritualität der Tempelarchitektur hat der auch bei diesem Amanresort als Architekt wirkende Edward Tuttle viele der religiösen Motive in seinen Entwurf aufgenommen. So treten zum Beispiel die auch beim Tempelbau eingesetzten Kreisbögen, Quadrate und Mondsicheln als dominante Formen in der Architektur des Resorts auf.

Das runde Hauptgebäude mit seinem pagodenartigen Dach in der Mitte lässt unschwer die gestalterische Quelle des Tempels erkennen. Umgeben ist es von 36 freistehenden Suiten-Villen, die im Grundriss jeweils wie zwei Mondsicheln angelegt sind. Kennzeichnend für die Gebäude sind die hohen weißen Kalksandsteinmauern, an denen Kletterpflanzen hoch ranken.
Buddhistische und javanesische Dekorelemente bestimmen auch die Gestaltung der Innenräume. Kuppeldächer, weiße Wände und Terrazzoböden schaffen eine angenehme, klimatisch kühlende aber optisch nicht kühl wirkende Eleganz.

Geflochtene Holzrahmenwände trennen das mit Säulen eingefasste Schlafgemach von der Ankleide und vom Bad mit Freiluftdusche. Die Matratze liegt zwar auf einem Lattenrost, jedoch tief auf dem Boden und umrahmt von einem Specksteinsockel. Stühle und Tische aus Kokosnussholz bzw. Rattan, Batikkissen und Glasmalerei würdigen das hochwertige, einheimische Kunsthandwerk.

Viele der Suiten haben auch ihr eigenes, kleines Schwimmbad und private, mit sichtverdeckenden Mauern eingerahmte Gärten. Vor Luxus strotzt die „Dalem Jiwo Suite" mit eigenem Entree und Rotunde sowie dem 15 Meter langen Privatpool. Umgeben ist sie von malerischen Reisfeldern. Selbstredend erfüllt hier der persönliche Butler diskret alle Wünsche der Gäste.

Ungeachtet ihrer Größe besitzen alle Suiten sogenannte Kubuks. Das sind kleine Pavillons mit einer bequemen Matratze und farbigen Kissen als Tagesbett. Im Liegen kann man von hier aus in aller Ruhe durch das Flimmern der Hitze den Borobudur-Tempel in der Ferne betrachten.

Eklektische Züge besitzt die Architektur des Restaurants. Angelegt als Säulengang hat es eine pompöse Ausstrahlung. Schwarze gestrichene Blechtische, Teakholzstühle und Batikpolster lockern dies jedoch ein wenig auf, ohne die gediegene Atmosphäre aufzulösen. Ein Abendessen in dieser Umgebung hat denn auch einen feierlichen Charakter und trägt trotz der internationalen Küche bisweilen mystische Züge. Vor allem dann, wenn die Gamelanspieler ihre wie Baldrian wirkende Performance zum Besten geben und der majestätische Borobudur-Tempel in der Dunkelheit versinkt.

01 | 02

01 | Das Hotel ist gleichzeitig eine kleine Kunstgalerie. Überall hängen Bilder, wie hier über der Sitzecke in der Lounge.

02 | In jedem Hotelflügel haben die 64 Zimmer und 34 Suiten eine verschiedene Farbgebung und Einrichtung.

03 | Umgeben von einer parkähnlichen Landschaft ist das Dharmawangsa ein Ort der Ruhe im sonst schrillen Jakarta.

04 | In den öffentlichen Räumen gibt es Antiquitäten und Kunsthandwerk zu bestaunen.

3

04

Aufregende Schlagzeilen und Bilder der indonesischen 10-Millionen-Metropole erschrecken viele Menschen, die die Stadt nur aus Zeitung oder Fernsehen kennen. Wie immer bei hohem Negativimage, liegt die Wahrheit woanders. So hat natürlich auch Jakarta seine schönen und exklusiven Ecken. Eine davon ist „Kebayoran Baru", eine weitläufige grüne Oase unweit des Geschäftszentrums. In grüner, bisweilen parkähnlicher Umgebung ist es eines der wohlhabendsten Viertel der Stadt. Weder lauter Verkehr, noch die atemraubende Würze von Zweitakter-Abgasen stört hier die Idylle. Selbst das sonst zum „guten Ton" gehörende, hektische Gehupe erwartet man hier umsonst. Dagegen zwitschern hier exotische Vögel und die Bäume rauschen friedlich im Wind. Mitten in dieser Idylle versteckt sich Jakartas Hoteljuwel, das Dharmawangsa, benannt nach einem Hindukönig im 11. Jahrhundert.

Schon beim Betreten der Lobby spürt man den Unterschied zu anderen Fünfsternehäusern. Eine klassische Rezeption gibt es nicht. Es ähnelt eher dem Besuch einer feudalen Villa. Anmeldeformalitäten werden diskret und unkompliziert im Zimmer erledigt. Ausgelegt ist das Haus in erster Linie für Geschäftsreisende. Doch es hat auch einen außergewöhnlich hohen Freizeitwert. So lädt das hauseigene Wellnesscenter zur Massage und Entspannung nach anstrengenden Verhandlungen ebenso ein, wie der von viel Grün umgebene Pool.

Geboren wurde das Hotel aus dem Traum seines Besitzers, des Industriellen Binapuri Lestari, der exakt in dieser Umgebung ein einzigartiges Hotel errichten wollte. Ein luxuriöses Haus, das mit seinen 64 großzügigen Gästezimmern (jeweils 66 m^2 groß) und seine individuell eingerichteten 34 Suiten überschaubar bleiben sollte. „In einer ruhigen, phantasieanregenden Umgebung wollen wir maximale Privatheit mit einem Topservice verbinden", beschreibt Lestari die Philosophie des Dharmawangsa. Architektonisch greift das Gebäude indonesische Traditionen auf und vermischt sie mit funktionalen, zeitgenössischen Elementen.

Zur Realisierung des Hotelkomplexes kam gleich ein ganzes Team zum Zuge, unter anderem mit dem jungen malaysischen Architekten Cheong Yew Kuan, der die Ideen skizzierte. Don Sandy von Sandy Babcok International in San Francisco erweiterte die Skizzen in einen Bebauungs- und Konstruktionsplan. Der Experte für holländische Kolonialarchitektur, Jasin Tedjasukmana, setzte die Pläne vor Ort schließlich um. Für die Innenarchitektur verantwortlich zeichnet Jaya Ibrahim, der zuvor bereits seine gestalterischen Spuren im Hempel in London und im Legian auf Bali hinterließ.

Herausgekommen ist dabei eine Mixtur, die alles andere als avantgardistisch wirkt, jedoch bis ins kleinste Detail durchdachten Komfort bietet und durch seine harmonische Farbgebung ebenso überzeugt wie seine sensible Materialauswahl. Der Spaziergang durch die Anlage gleicht einer architektur-historischen Zeitreise. Zu entdecken sind die Einflüsse der holländischen Kolonialarchitektur, Art-Déco-Elemente, javanesisches Ethno-Design und moderne Sachlichkeit. Auffallend ist die sorgfältige Auswahl der hochwertigen Werkstoffe und deren exzellenter Verarbeitung. Edle Hölzer bei Türen und Einbauschränken wechseln sich ab mit unifarbenen, teilweise auch bemusterten Seidentapeten, Marmorböden mit Terrakotta und Teppichen, sowie Holz- mit Rattanmöbeln. Angefüllt ist das Haus zudem mit Kunst und Kunsthandwerk – vieles davon ist auch käuflich zu erwerben. Ein in Decken, Textilien, Wand und Boden immer wieder kehrendes Hauptmotiv der Dekoration ist die Sonne, einst Symbol des ostjavanesischen Reichs im 14. Jahrhundert.

Bestens ausgestattet ist das Hotel mit kulinarischen Einrichtungen: Zwei Restaurants im Haupthaus und zwei im angeschlossenen „Bimesana Club und Spa", gehören in der einheimischen Gesellschaft zu den ganz bevorzugten Adressen.

01

02

01 | Freiluftbad im hoteleigenen Spa. Die Sichtschutzmauern sind aus Korrallensteinen.

02 | Nahezu umlaufende Fenster und eine sachliche Einrichtung kennzeichnen die Innenarchitektur der Zelte.

03 | Insgesamt zählt das „Camp" nur 20 solcher Luxus-Wohnzelte und dies in einer Umgebung mit hohem „Robinson Faktor".

Anders als in Afrika, wo sich phantastische „Game Lodges" wachsender Beliebtheit erfreuen, ist das Amanwana auf der kleinen, indonesischen Insel Moyo nahe Bali eher eine meditative Umgebung – ohne Photopirsch zu den „Big Five". Allerdings nicht minder ausgestattet mit faszinierender Natur und Abenteueratmosphäre. Abschied vom Massentourismus nimmt man spätestens, wenn man von seinem interkontinentalen Flugzeug in Denpasar umsteigt in ein kleine, zweimotorige Turboprop-Maschine, die einen in niedriger Flughöhe über die Vulkane von Bali und Lombok bis zur Insel Sumbawa bringt. Dort heißt es dann umsteigen auf die Luxusyacht „Aman XI", die die Gäste durch die Flores-See entlang der Westküste von Moyo in einer weiteren Stunde Fahrtzeit zum Ziel schippert. Wer die lange, aber keineswegs unbequeme Reise auf sich nimmt, wird mit einem Superlativ an Exklusivität belohnt.

Das Amanwana ist nicht ein normales, aus massiven Werkstoffen gebautes Hotel, sondern ein ästhetisches Zeltdorf wie aus 1001 Nacht und das glatte Gegenteil des, vielleicht noch in Erinnerung gebliebenen Jugendaufenthalts im Zeltlager. Weit entfernt von schweißdurchtränkten Körpern, beschwerlichem Zähneputzen und den meist eher fehlgeschlagenen Führungsversuchen verzweifelter Aufpasser. Maximale Privatheit und purer Luxus sind hier die Begleiter. Ein Luxus mit Annehmlichkeiten wie klimatisierten Räumen, riesigen Badebereichen mit Freiluftduschen, privaten Minipools und Topservice – aber auch ein Luxus der Stille und Ungestörtheit. Ideal zum Auftanken.

„Auftanken" wird bestens unterstützt durch das nicht minder hochwertige Spa mit balinesischen Massageprofis. In Robinson-Romantik ist der Wellnessbereich in eine Felsformation10 Meter hinter dem Ufer eingebaut. Zwischen den groben Brocken abgestorbener Korallenriffe ist der Pool eingefügt. Die munter zwischen den Steinen sprießenden Büsche und Bäume bilden einen natürlichen Baldachin über das Areal und erzeugen eine niedliche Dschungel-Grotte. Die einzelnen Massage-, Bade- und Kosmetikbereiche sind im Freien und nur durch sichtschützende Mauern mit groben Korallensteinen getrennt – überall optisch reizvoll flankiert von dunklen, schlichten Holzdielenterrassen und natürlich Blüten, Blüten, Blüten.

Die insgesamt 20 Wohnzelte selbst haben mit einer Grundfläche von 60 m² die Ausmaße großer Suiten. Der dunkle, mit Kokosmatten aufgelockerte Holzboden, steht im ausgewogenen Kontrast zur beigen Zeltdecke aus dickem, wasserdicht imprägnierten Leinengewebe. Nahezu die gesamte Fläche der vier Wände ist mit Fenstern versehen. Tageslicht durchflutet die Innenräume. Bett, Sofas, Sessel, Sideboards, Tisch und Stühle sind farblich perfekt aufeinander abgestimmt. Die Szenerie sieht aus, als wäre sie für einen Möbelkatalog arrangiert und sie verlockt sehr dazu, viel Zeit in diesen Räumen zu verbringen. Kein einfaches Unterfangen, da auch der Rest der Anlage mit Pooldeck, Wassersport, Spa, Restaurant und üppiger Natur hart um die Zeit der Gäste konkurriert. So oder so ist einem Ruhe gewiss – ist das Resort doch fast vollkommen von dichtem Regenwald eingeschlossen und nur nach einer Seite offen: dem Meer. Hier liegt es in einer romantischen, Bucht mit kristallklarem Wasser.

03

il palazzo | fukuoka . japan

DESIGN: Aldo Rossi, Morris Adjimi, Shigeru Uchida

Japan zählt zu jenen Ländern, in denen Architektur von Weltformat nicht nur in der Hauptstadt zu finden ist. Auch Provinzorte wetteifern um Zeugnisse guten Designs und schmücken sich gerne mit Gebäuden, bei denen bevorzugt namhafte und angesehene Europäer ihre Handschrift hinterlassen haben. Ohne ausreichende Neugierde des Publikums wäre dies jedoch ein schwieriges Unterfangen. Gerade das Interesse an moderner Kunst und in dessen Gefolge auch an Architektur und Design, ist in der japanischen Bevölkerung aber gut entwickelt.

Eine echte architektonische Ikone ist das von dem italienischen Rationalisten Aldo Rossi zusammen mit seinem Büropartner Morris Adjimi erbaute „Il Palazzo". Dieses mit 62 Zimmern nicht einmal besonders große Haus bringt zeitgenössische europäische Architektur in spannender Art und Weise mit asiatischen Formen und Archetypen zusammen und ist damit eines der Schulbeispiele moderner, westöstlicher Architektur.

Einzigartig ist alleine schon die „Vorzeige-Fassade", die wie eine übergroße, altarartige Kommode erscheint. Weitläufige Treppenaufgänge unterstützen die Wucht des Baus, der mit sieben Obergeschossen allerdings nicht wirklich voluminös wirkt. Die massive, schubkastenartig segmentierte Fassade hat keinerlei Fenster, dafür aber dicke rote Travertinsäulen und kupfergrüne Traversen. An den Flanken entlang ziehen sich zwei Gebäude, die wie abstrahierte Reihenhäuser einer englischen Arbeitersiedlung aussehen. Als das Hotel 1989 seine Pforten öffnete, wirkte die monumentale Frontgestaltung noch sehr gewagt. Inzwischen zitieren vor allem junge Architekten die innovative Formensprache immer wieder.

Die Innenarchitektur der Zimmer, Lobby und des Restaurants stammt zu großen Teilen aus der Planungsfeder des renommierten japanischen Architekten und Designers Shigeru Uchida, mit dem Rossi auch das nicht weit entfernt liegende Hotel Mojiko realisierte. Als Gast hat man die Auswahl zwischen eher westlich gestalteten Zimmern mit textilen Teppichböden, Couchgarnitur und postmodernem Mobiliar oder den weit freundlicheren und authentischeren Räumen in japanischem Minimalismus. Hier dominieren helle Holzfußböden – teilweise mit Tatami-Strohmatten ausgelegt – schwarzlackierten Bodentischen, Schiebewänden und einfacher, heller Möblierung.

Bis dahin ist es schon ein ungewöhnliches, avantgardistisches Hotelprojekt, das auf jeden Fall zum Architekturbesichtigungsprogramm in Japan gehören sollte. Aber nicht genug: ein wahres Designmuseum der späten 80er Jahre befindet sich im weitläufigen Untergeschoss. Einst als „Vergnügungsmeile" gut versteckt, haben sich hier keine geringeren als der italienische Altmeister Ettore Sottsass und seine Mitarbeiter Marco Zanini und Mark Ryan, Geatano Pesce, Shiro Kuramata und Alfredo Arribas auf 1.500 m² kreativ austoben dürfen. Herausgekommen ist dabei ein Konglomerat aus Bars, Discos und Clubs, die zwischenzeitlich zwar schon etwas abgenutzt, aber dennoch unverändert schrill und avantgardistisch sind – auf jeden Fall aber eines der feuchtfröhlichsten Anschauungsbeispiele für modernes Design.

01 | Eines der Zimmer in japanischem Minimalismus. Zur Wahl stehen auch moderne, westlich eingerichtete Räume.

02 | Von außen wirkt das Gebäude wie ein Architekturmodell.

03 | Rezeption im Stil einer Boutiquen-Theke.

04 | In der an ein Kirchenschiff erinnernde Bar wiederholte Rossi noch einmal das Motiv der Fassade.

01

02

03

04

tawaraya | kyoto . japan

DESIGN: Toshi Okazaki Satow

Eine der besten Möglichkeiten, authentisch japanischen Lebensstil kennenzulernen ist der Besuch in einem Ryokan. Puristische Architektur und Innenarchiktektur treffen hier auf strenge Verhaltensregeln, wie zum Beispiel dem Tragen von Hausschuhen oder das Bad in sehr heißem Wasser. Einige der unzähligen, meist kleineren Ryokan sind echte architektonische Meisterwerke, die sich bestens zum Studium minimalistischer Gestaltungs- und Konstruktionslösungen eignen.

Zu den schönsten Beispielen und gleichzeitig zu einem der faszinierendsten japanischen Hotels überhaupt, zählt das Tawaraya in Kyoto, etwa drei Stunden Zugfahrt von Tokyo entfernt. Lässt der Besucher das laute und pulsierende Straßenleben hinter dem ganz einfachen, kaum zu entdeckenden Eingang der unspektakulären Fassade und streift seine Schuhe ab, öffnet sich eine Welt, die sich seit 300 Jahren kaum verändert hat, die aber gleichzeitig anmutet wie ein Blick in die Zukunft. Hier herrscht Zeitlosigkeit und Stille. Allenfalls das leise Ticken der Armbanduhr erinnert noch daran, dass Menschen sterblich sind.

Das bereits in der 11. Generation von Toshi Okazaki Satow mit perfektionistischen Ansprüchen geführte Haus hat an die Modernität kaum Konzessionen gemacht. Allenfalls elektrischer Strom, zeitgemäße Kommunikationsmittel (sogar ein gut versteckter Fernseher) und chemisch hergestelltes Schuhputzmittel deuten auf das 21. Jahrhundert und die Hightech-Nachbarschaft. Während man fast lautlos in seinen bequemen und luftigen Hausschuhen durch das Haus schwebt, knöpfen sich die „guten Geister" die Straßenschuhe vor und reinigen sie porentief.

Die in vollendeter Ästhetik gestalteten Zimmer sind mit den japanischen Strohmatten „Tatami" ausgelegt, die Einrichtung ist reduziert auf einen rund 25 cm hohen Tisch und den „Zabuton". Das sind beinlose Stühle, beziehungsweise Sitzkissen mit Rückenlehne.

01 | 02 Nahezu asketischer Minimalismus prägt die Innenarchitektur des anspruchvollen Ryokan.

03 | Innenraum und Garten bilden in der japanischen Architektur stets eine Einheit.

04 | Ausgeprägt ist die Badekultur. In dem Zuber wartet 40° C heißes Wasser auf den Gast.

05 | Grundriss.

01

02

03

04

Das exzellente Abendessen wird vom Personal im Zimmer serviert. Ein Restaurant gibt es genauso wenig, wie eine Lobby, Rezeption oder Bar. Entsprechend großzügig ist die Wohnumgebung und als Gast hat man den Eindruck in seinem eigenen Haus zu wohnen. Der einzige Gemeinschaftsraum ist eine kleine Bibliothek. Die Begegnung mit anderen Gästen gehört zur Ausnahme. Das überschwengliche Angebot an Privatheit mag mit ein Grund für die Eintragungen ins Gästebuch sein. Es liest sich wie ein „Who's who" der internationalen Kulturschaffenden: Leonard Bernstein, Isaac Stern, Avedon, Alfred Hitchcock, Michelangelo Antonioni, Simone de Beauvoir und Jean-Paul Sartre, Arthur Milller – und das ist nur ein kleiner Auszug.

Jedes der 18 Zimmer hat einen eigenen kleinen Garten, der bis zum zartesten Grashalm arrangiert ist.

Durch beiseite schieben der leichten, mit Pergamentpapier bezogenen Holzrahmenwände „Shoji" wird der Garten schnell zum erweiterten Wohnerlebnis. Eine echte Wohltat für Körper und Geist ist die Badeprozedur im wohlriechenden Zedernholzzuber. Das „Ofuro"-Bad mit kristallklarem, seifenlosen Wasser ist auf exakt 40° C erhitzt. Das Abseifen und eigentliche Waschen erfolgt allerdings streng nach Reglement unter der Dusche. Nur wer vorher reingewaschen ist, darf sich in die dampfende Tonne begeben.

Zum Schlafgemach wandelt sich das Zimmer erst bei Einbruch der Müdigkeit. Auf die Tatami-Matten legen die, mit einem eleganten Kimono bekleideten Zimmermädchen das japanische Futon-Bett, beziehen es mit exquisiter Leinenbettwäsche und reichen den speziell gemischten Schlummertee für eine angenehme und erholsame Nacht.

05

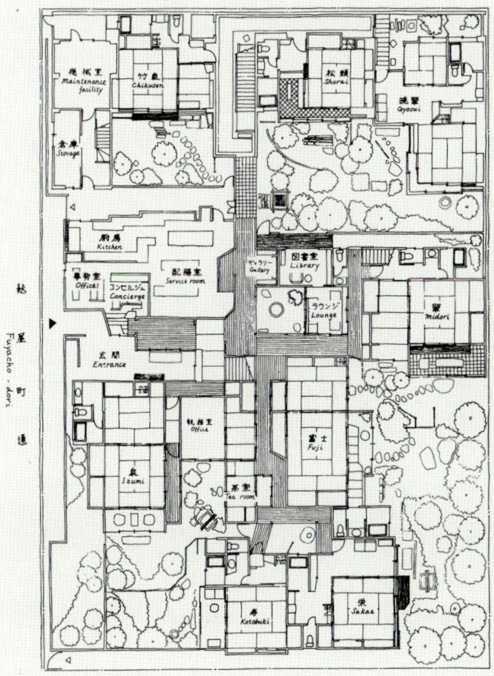

1階見取図

01

02

03

04

01 | Der Hotelneubau liegt direkt neben der Bahnstation am Wasser und bildet ein städtebaulich markantes Zeichen.

02 | Dachgeschoss-Suiten mit einem der beiden großflächigen Rundfenster. In der Fassade wirken sie wie die Augen eines Elefanten.

03 | Einige der Gästezimmer sind in klassisch japanischer Askese eingerichtet.

04 | Die großflächigen Sprossenfenster orientieren sich an Industriebauten und erinnern an Lofts, die zum Wohnraum umgebaut wurden.

mojiko hotel | moji . japan

DESIGN: Aldo Rossi, Shigeru Uchida

05

06

05 | Raum in Raum für die Teezeremonie.

06 | Ansicht der Fassade.

Eines von Aldo Rossis letzten Planungsprojekten – und zugleich eines der am längsten andauernden – ist elf Jahre nach dem Start im Sommer 1998 eröffnet worden. Er nannte es „Haifisch". Das Mojiko Hotel war nach dem „Il Palazzo" im nahe gelegenen Fukuoka das zweite Hotelprojekt Rossis in Japan. Die Hafenstadt Moji auf der japanischen Insel Kyushu war einst das Tor zum asiatischen Festland. Mit der Veränderung der Transportwege hatte sie jedoch an Bedeutung verloren, bis sie seit einigen Jahren, gestützt durch ein massives Wirtschaftprogramm und dank seiner historischen Struktur mit vielen architektonisch bedeutsamen Gebäuden, wieder an Fahrt gewinnt.

In seiner Sprache entwickelte Rossi das Gebäude aus einer Mischung japanischer Tempelarchitektur und westlicher Geometrie der Moderne. Das neben der alten Bahnstation direkt am Wasser gelegene Hotel ist sofort nach seiner Eröffnung zu einem prägenden Neubau im Stadtbild geworden und hat den „Fremdenverkehrswert" deutlich erhöht. Geplant war das Hotel nicht nur als Übernachtungsmöglichkeit, sondern auch als Unterhaltungsstätte für Touristen und die Nachbarschaft. Es enthält mehrere Restaurants, Veranstaltungs- und Konferenzräume, Zimmer für japanische Teezeremonien und eine Bar mit Panoramablick über den Hafen.

07 | Möblierung in einem der Flure.

08 | An einen Operationssaal erinnert die Beleuchtung in dem auch sonst eher kühl wirkenden Bistro.

09 | Klassische, japanische Einrichtungen mit Futonmatten und mit Pergamentpapier versehenen Sprossenschiebewänden.

10 | Bar mit Blick auf die Bucht.

11 | Präsentationsskizze von Aldo Rossi.

08

07

09

mojiko hotel | moji . japan

Die von Shigeru Uchida in Kooperation mit Rossi gestaltete Innenarchitektur besticht durch ihre kubistische Formensprache, reduzierte Materialauswahl und Schlichtheit. Dennoch wirken die Räume vor allem wegen ihrer Größe oft monumental.

Ein selten zu findendes Detail sind die nach innen gerichteten Klappläden in den Zimmern. Außer der betont geradlinigen und schlichten Möblierung entsprechen die Zimmer ansonsten den Standards eines durchschnittlichen Hotels und zeugen von wenig Innovation.

niki club | nasu . japan

DESIGN: Akira Wanatabe, Kenichi Samura, Takashi Sugimoto, Yoshiteru Oomine

Klassische japanische Architektur mit ihrer puristischen Ausstrahlung trifft in diesem kleinen Hotel mit insgesamt 19 Zimmern auf westliche Design-Einflüsse. Die vier Architekten und Designer Akira Watanabe, Kenichi Samura, Takashi Sugimoto und Yoshiteru Oomine haben in dem bei wohlhabenden Tokoytern beliebten Erholungsort Nasu mit dem Niki Club das ideale Refugium zur kreativen Entspannung geschaffen.

Nur eine gute Stunde Zugfahrt von der japanischen 17-Millionen-Metropole entfernt, erheben sich in dem Tochigi-Ken-Landstrich bewaldete Hügel und grüne Täler zu einer Wander- und Erlebniswelt, jenseits von Betonwüsten und Autoabgasen. Inmitten der Natur, umgeben von dichten Wäldern, steht das Hotel mit seinem Hauptgebäude und mehreren Minivillen. Es ist angelegt wie ein kleines Dorf und gut abgeschottet von jeglichem Trubel.

Das im Privatbesitz befindliche Resort besticht durch seine kompromisslose Architektur. Wuchtige Wände aus Sichtbeton wechseln sich ab mit den filigranen Schiebewänden – Steinböden mit Holzböden und Tatamimatten ausgelegten Räumen. Den traditionellen japanischen Ryokan nachempfunden sind die kleinen Privatgärten, die sich in die verglasten Raumteiler zwischen Schlaf- und Wohnraum eingliedern. Die Trennlinie zwischen außen und innen ist dank der großflächigen Verglasungen so schwach wie nur irgendmöglich gezogen. An Tageslicht hat es keinen Mangel. Sitzt man auf seinem Stuhl oder dem japanischen Sitzkissen „Zabuton", fühlt man sich inmitten der Natur. Die Zimmer sind zwar minimalistisch in ihrem Design, die Ausstattung ist dennoch luxuriös. Jeder Raum ist in unterschiedlichen Nuancen gestaltet, wobei die Planer westliche und japanische Wohnkultur miteinander verwoben haben. Je nach Vorliebe können die Gäste in richtigen Betten oder auf Futons schlafen.

Imposant ist auch das Restaurant. Wie in einer überdimensionierten Garage sind die Tische an der knapp fünf Meter hohen Sichtbetonwand angeordnet. Diese bewusst erzeugte, architektonische Strenge bietet die perfekte bildnerische Einrahmung für die umliegende Szenerie. Riesige Glasflächen geben den Blick frei auf Wasserflächen, Wiesen und Bäume. Exzellent, bisweilen sogar etwas opulent ist die europäisch beeinflusste Küche, die das Beste der verschiedenen Kulturen zu neuen kreativen Höhepunkten vermengt. Die Zutaten stammen größtenteils aus eigenem, biologischen Anbau. Das hoteleigene Gewächshaus hat einen Besuch ebenso verdient, wie die über dem Restaurant liegende Bar, in der man ohne weiteres auch prominente Gäste treffen kann.

Dem Entspannungssuchenden erschließt sich im Niki Club nicht nur eine Welt der anspruchvollen, emotionalisierenden Architektur – das angeschlossene Spa bietet feine Massagen und japanische Baderituale. Das Umland wartet mit heißen Quellen und die umliegenden Seen zum Fische angeln.

01

02

03

04

05

01 | Weit heruntergezogene Dächer und eine schutzwall-ähnliche Mauer demonstrieren die selbstbewusste, innovative Architektur dieses Luxusanwesens in Japans Celibrity-Erholungsort Nasu.

02 | Warten auf die Teezeremonie.

03 | Beispiel einer Suite mit integriertem Garten.

04 | Restaurant.

05 | Imposante Außenansicht.

the datai | langkawi . malaysia

DESIGN: Kerry Hill Architects

01 | Die Anlage ist ein gelungenes Beispiel, wie man Architektur und Natur harmonisch miteinander verbinden kann, ohne sie mit übertriebener Formgebung nachzuempfinden.

02 | An die offene Lobby mit überdachtem Teich angeschlossen sind Shops, Konferenzräume und Bibliothek.

01 

02 

In der kleinen idyllischen Bucht im Nordwesten der malaysischen Insel Langkawi treffen tropischer Regenwald und weißer Sandstrand direkt aufeinander. Diese Symbiose kocht den Stoff aus dem die Urlaubsträume sind. Abgeschieden von dem touristisch weit stärker entwickelten Süden der Insel, befindet sich „The Datai" in paradiesischer Lage.

Die von Kerry Hill in den Wald gefühlvoll eingefügte Anlage hat nur wenig Land verbraucht und den alten Baumbestand weitgehend verschont. Sie kombiniert die Anmut asiatischer Tempel mit tropischer Bauweise und moderner Sachlichkeit. Kühle Steinböden ergänzen warmes Holz, die Formen sind klar und geometrisch. Auf dekorative Schnörkel hat Hill ebenso verzichtet wie auf farbigen Budenzauber.

Auffallend ist die saubere handwerkliche Perfektion und das Engagement für schöne Details. Zentrum ist der Pool mit Meerblick. Er ist in einer Terrasse eingelassen, unter der sich die Wirtschaftsräume befinden. Dahinter sind die Lobby und das Hauptrestaurant, das alle drei Mahlzeiten serviert. In den seitlich versetzten Gebäuden sind die 54 Zimmer und 13 Suiten untergebracht. Verbunden durch ein parkartig angelegtes Wegesystem gibt es dazu noch 40 Villen mit eigener Sonnenterrasse, Schlafzimmer, eine Veranda mit Esstischen und ein großflächig verglastes Bad.

03

04

03 | Großzügiges Bad mit zwei Waschbecken, Freiluftdusche und Wanne mit Ausblick.

04 | Eines der Gästezimmer. Auf der Terrasse sitzt man inmitten des tropischen Regenwalds.

05 | Zwischen einsamem Strand und Regenwald liegt das Datai im Nordwesten Langkawis.

05

Aus der Wanne blickt man in den üppigen Regenwald. Tropisches Holz aus der Region ist auch der dominante Werkstoff für die Fußböden, Einbauten, Dächer und dem eigens entworfenen Mobiliar. Auch sonst fördert die durchweg offene Bauweise das Dschungelgefühl mit bekannten, aber auch unbekannten, teils mystischen Geräuschen und Klängen. Stets herrscht ein moderates Klima mit durchschnittlich 25 Grad Celsius und die in Regenwäldern etwas erhöhte Luftfeuchtigkeit. Dank der Ventilatoren und der stets frischen Brisen vom Andaman Meer ist sie jedoch erträglich.

Ideal ist das Resort für Golffreunde. Direkt zu dem Hotel gehört eine 18-Loch Anlage. Doch auch wer nur entspannen will, findet hier die Oase des Friedens. Bei aller Abgeschiedenheit und Ruhe kommt auch das Kulinarische nicht zu kurz. Frisches vom Meer wird in der Thai-Küche in einem Baumhaus ebenso serviert wie in der Poolbar oder im Hauptrestaurant, das eine raffinierte Mischung aus malayischer Küche mit westlichen Einflüssen bietet.

01

02

03

Die Eröffnung der „Pangkor Laut Estates at Marina Bay" war für den malaysischen Tourismus von derart großer Bedeutung, dass ihr auch der Ministerpräsident des Landes beiwohnte. Nach dem Welterfolg des bereits schon viele Rahmen sprengenden Pangkor Laut Resort, das eines der ersten luxuriösen, direkt über dem Wasser gebauten Pfahlbauten-Hotels war, ist das Marina Bay noch eine Steigerung.

An der Nordküste der in privatem Besitz befindlichen Pangkor Laut Insel, nur rund fünf Kilometer vom Festland entfernt, haben die Investoren mit nur neun, weitläufig verstreuten Residenzen eine neue Superlative der Luxushotellerie geschaffen. Nachdem Malaysia mit den 452 Meter hohen Petronas Towers den Weltrekord im Wolkenkratzer-Höhenflug überboten hat, wollte es offensichtlich auch im Kleinen der Größte sein. Inwieweit das mit dem zweifellos einzigartigen Resort gelungen ist, können nur die Gäste selbst entscheiden. Sicher ist das Resort aber einer der teuersten, exklusivsten und, je nach Geschmacksrichtung, möglicherweise auch schönsten Plätze auf der Welt. Neben den dichten Naturlandschaften mit den umliegenden Regenwäldern und Traumstränden verspricht es jedenfalls absolute Ruhe und gestalterische Harmonie.

Die Anlage ist in zwei verschiedene Gebiete aufgeteilt: Vier Residenzen sind direkt am schneeweißen, unberührten Sandstrand, den nur die tiefblauen Wellen mit stoischer Gleichmäßigkeit ablecken – die übrigen fünf Villen befinden sich inmitten des tropischen Regenwalds. Zur Auswahl stehen Villen mit zwei, drei oder vier Schlafzimmern. Das heißt, die Anlage ist für Familien oder kleine Gruppen ausgelegt, ein genereller Trend, der spürbar anzieht. Alle Residenzen haben weitläufige, offen angelegte Wohnräume, große Terrassen und Ruhezonen im Freien. Sie verfügen über tropische Gärten, eigene – gar nicht so kleine – Schwimmbäder und extra Pavillons zum Dinieren.

Unabhängig von ihrer Größe, Lage und Ausstattung sind alle Einheiten in südostasiatischem Design ausgeführt, mit eher zurückhaltenden Farbtönen und Formen in Boden, Wand und Decke. Dies bietet den unaufdringlichen Rahmen für die Möblierung mit kunsthandwerklich gefertigten Tischen,

04

01 | Umgeben von 121 Hektar Tropenwald auf einer Privatinsel sind die 13 Residenzen der Pangkor Laut Estates at Marina Bay eine Superlative der Luxushotellerie.

02 | Vier der Residenzen sind direkt am Wasser gelegen, die anderen fünf sind mitten im Regenwald, jedoch mit Blick aufs Meer.

03 | Atriumdecken und fast verschwenderisch große Grundrisse kennzeichnen die Suiten. Die Übergänge zwischen Innenräumen und Terrassen sind dabei fließend.

04 | Jede der Residenzen besitzt ein oder mehrere eigene Pools sowie weitläufig angelegte Gärten.

Stühlen, Kommoden und Accessoires. Die Holzarbeiten stammen größtenteils aus den für ihre Kunsthandwerker bekannten Bundestaaten Kelantan und Terengganu im Osten Malaysias.

Obwohl an Dekoration nicht gespart wurde, wirken die Räume nicht überladen. Die Planer haben gut darauf geachtet, die Augen der Betrachter nicht zu überfordern, sondern eine harmonische Gesamtatmosphäre zu schaffen.

Großen Anteil daran hat die starke Einbindung der Natur in die Architektur. So sind die geschlossenen und offenen Bereiche fließend, der Tropenwald mit seinem üppigen Wuchs und seiner Tierwelt umgibt einen unmittelbar. Fast keine Bäume sind den Bauten geopfert worden. Mit etwas Geduld kann man Seeadler genauso beobachten, wie Fischotter, Eidechsen, Wasserschildkröten, Riesenmuscheln oder durch die Baumwipfel hüpfende Affen. Die gesamte Insel erstreckt sich auf rund 121 Hektar und bietet damit rein rechnerisch über 13 Hektar Auslauf pro Residenz. Ein Gebiet, welches man selbst bei einer Woche Aufenthalt für ein Budget in der Größenordnung eines guten Kleinwages kaum komplett erkunden kann. Wem die Idylle zuviel wird und auswärts essen möchte, kann sich mit dem Motorboot zu den Restaurants und Bars der benachbarten Inselanlage Pangkor Laut chauffieren lassen.

tanjong jara | terengganu . malaysia

DESIGN: Baldip Singh Bullar, YTL Design Group

01 | Hauptgebäude mit Rezeption, Boutiquen, Bibliothek und Restaurant mit großer über ein Bucht gebaute Holzterrasse.

02 | Lobby und Rezeption.

03 | Holz ist der bestimmende Werkstoff im Innenausbau. Hier eine Suite der Anjung Beac Cottages.

01

02

03

Vor über 20 Jahren öffnete das Tanjong Jara als eine der ersten luxuriösen Ferienanlagen an Malaysias Ostküste bereits schon einmal seine Pforten. An einem nahezu zwei Kilometer langen Privatstrand – Einheim-ische behaupten es sei der schönste – setzten die Architekten in traditioneller malaysischer Hüttenbauweise 16 Wohneinheiten mit insgesamt 100 Suiten gut verteilt in die dschungelartige Landschaft. Beim gestalterischen Konzept standen malaysische „Istanas" Pate. Das sind luxuriöse, aus Holz gebaute und mit reichlich Schnitzereien verzierte Sultanspaläste des 18. Jahrhunderts. Unter anderem der offensichtlich zu lieblich wirkende Auftritt führte Mitte der 90er Jahre zu einem Wechsel der Eigentumsverhältnisse und einer umfangreichen Renovierung der Anlage.

Nach technischer Runderneuerung und der Entschlackung überladener Dekoration trat 1999 ein weiteres Fünfsterne-Resort in den Wettbewerb asiatischer Weltklassehotels. Die Grundzüge der Architektur wurden beibehalten, in den Innenräumen jedoch durch eine bessere Material- und Farbzusammenstellung harmonisiert. Wie bei den meisten gelungenen Beispielen dominieren auch beim Tanjong Jara offene Gebäude, die eine Einheit mit der Natur bilden. Der „öffentliche" Gebäudekomplex mit Rezeption, Boutique, Bibliothek und zwei Restaurants ist halb im Wald und halb auf dem Wasser gebaut. Direkt unter der großen Holzveranda fließt ein Fluss ins Meer. Nach dem Anschalten der Beleuchtung in der Dämmerung ergibt dies eine betörende Kulisse.

Bei den Suiten gibt es fünf verschiedene Typen mit Grundflächen von 55 (Serambi und Bumbung Suiten), über 88 (Beach Cottages) bis 176 Quadratmetern (Anjung Suite). Die Hälfte hat einen Blick auf das Meer, die andere Hälfte schaut in den Regenwald. Alle Räume sind mit exquisiten Möbeln und moderner Technik ausgestattet. Ihre Gestaltung ist ausgewogen, teils gediegen. Holz in dezenten, bräunlichen Farbtönen ist das bestimmende Material an Decken, Böden und beim Mobiliar. Wären nicht die großen Fenster und Terrassentüren sowie weiß gekalkte Wände, wäre es fast zuviel davon. So erhalten die Räume jedoch genau die richtige Menge Tageslicht. Jede Suite hat zudem ihre eigene, gut geschützte Terrasse mit stets schönen Aussichten. Bei den Beach Cottages und der Anjung Suite wartet zudem ein großzügiges Freiluftbad mit einer Zweipersonenwanne auf die Entspannung unter rauschenden Palmenblättern und klarem Sternenhimmel.

Wer der Entspannung, seiner Fitness oder einfach dem körperlichen Wohlbefinden noch mehr Gutes tun möchte, findet eine ausgedehnte Spa-Anlage mit einer fast endlosen Liste von Massage-, Wellness- und Schönheitsbehandlungen. An Sportmöglichkeiten gibt es zwei Tennisplätze, alles an denkbaren Wassersportangeboten, Golf und fachkundig begleitete Öko-Wandertouren durch den Regenwald.

01

02

01 | Poolanlage kurz nach Sonnenuntergang. Links ist ein Teil des Spa-Komplexes, dahinter befinden sich die beiden Hauptrestaurants.

02 | Rezeption des Spa. Es ist eines der größten und modernsten auf den Malediven.

03 | Schlafraum in einer der Wasservillen-Suiten.

03

04 | Ein Holzsteg führt über das kristalklare Wasser zu den 18 auf Stelzen gebauten Wasservillen. Jede hat eine zum Riff hingewandte Terrasse, von der aus eine Treppe direkt ins Wasser führt.

05 | Jede der Villen bestzt eine Freiluftdusche.

DESIGN: Tecton Architects, Male

Der Kopf liegt weich gebettet auf einer gut gepolsterten Stütze. Durch das Loch zielt der Blick in die Mitte einer mit weißem Sand gefüllten Schale, dekoriert mit filigranen Seeschneckengehäusen. Kaum zu glauben mit welcher Kraft das zierliche Mädchen genau die richtigen Meridiane in der Fußsohle erwischt. Es schmerzt heftig und gleichzeitig breitet sich wohltuende Ruhe im ganzen Körper aus.

Die Pupillen verengen sich und die Seeschneckengehäuse verschwimmen zum palmenbesäumten Traumstrand auf den, die in der Sonne glitzernden, smaragdgrünen Wellen plätschern. Wahrhaft klischeehaft – die perfekte Postkartenidylle! Tatsächlich ist nichts retuschiert. Die Krebse, die es sich in den leeren Behausungen der Seeschnecken bequem machen, krabbeln wirklich über den Sand und stellen sich auf der Stelle tot, wenn sich Schritte nähern – wie kleine Kinder, die sich verstecken, indem sie ihre Augen zuhalten.

Die Idylle ist schwer zu überbieten. Wohl zu Recht stellen nahezu alle Besucher der Malediven sich so das Paradies auf Erden vor. Kanuhura mit seinem im Jahr 2000 eröffneten Fünfsterne-Resort und einem der umfangreichsten und besten Spa-Angebote auf den Malediven, gehört mit zum Erlesensten, was die 20 Atolle mit den 1.190 Riff- und Wasser- umgebenen Sandhaufen im indischen Ozean zu bieten haben. Und das bei Preisen, die noch ein angenehmes Stück unter der Superluxusklasse liegen.

Die knapp 1 Kilometer lange und an der ausgedehntesten Stelle 200 Meter breite Insel liegt am östlichen Rand des touristisch noch wenig erschlossenen Lhaviyani Atoll, etwa 40 Wasserflugzeugminuten nördlich von Male. Schon der Anflug ist ein Erlebnis für sich. Kaum mehr als 1.000 Meter über dem Meer steuern die meist barfüssigen Piloten ihre zweimotorigen Wasserflugzeuge der "Maldivian Air Taxi's" über die maledivische Inselwelt, bis sie nach einer wirklich beeindruckenden Ehrenrunde über Kanuhura am lang ausgestreckten Bootssteg und Wasserflugzeug-Gate ihre Leinen festzurren.

04

05

Mit etwas Glück begrüßt einen schon beim Weg an Land ein majestätisch gleitender Rochen. Bei genauerem Hinsehen kann man in dem, bis auf den weißen Sandgrund hinunter klaren Wasser auch Fische erkennen, die uns sonst nur im Aquarium begegnen.

Dank der einzigartigen und weitgehend noch unberührten Natur, gehören die Malediven mit ihrer faszinierenden Unterwasserwelt und ihren weitläufigen Korallenriffen ohnehin zum Traumziel für Taucher und Schnorchelliebhaber. Aber selbst rastlose Manager ohne Tauchambitionen haben gerade auf Kanuhura beste Chancen, eine Woche (oder auch mehr) Entspannung und Nichtstun – oder fast nichts tun – kurzweilig zu empfinden.

Sensationell und unbedingt zu empfehlen ist die frühmorgendliche Joggingrunde. Vorausgesetzt man startet kurz vor Sonnenaufgang – später ist es zu heiß – und nicht gerade beim Höchststand der Flut. Laufend ist die Insel in 10-15 Minuten umrundet, immer auf weißem, weichem Sand versteht sich.

Was schon bei der Ankunft auffällt – nämlich die gelungene und konzeptionell durchdachte Architektur der Anlage – erschließt sich beim Laufen noch offensichtlicher: Die Liegen, Tische und Stühle vor den 77 Beach Villen sind schlicht und edel aus massivem Holz. Zwischen den kunstvoll angelegten Palmen und Sträuchern sind Strahler und pilzförmige Tonkappenleuchten platziert, die auch im Dunkeln den romantischen Strandspaziergang ermöglichen. Und unterwegs immer wieder Muscheln und Seeschneckenhäuser, sowohl in natura am Strand wie auch als Motiv in Leuchten, Mosaik im Boden, bei den Freiluftduschen, auf Pflanzenkübeln und als Dekoration an den Gebäuden.

Obwohl bei der ursprünglichen Planung wohl weniger eine erstklassige Architektur und Interior Design als Qualitätsmerkmale die Hauptrolle gespielt haben, hebt sich die Anlage in diesen Disziplinen deutlich vom Gros der anderen Resort-Projekte ab, bei denen die meist zufällig zusammengewürfelten Stile und Gegenstände einem die Augen verderben können.

Mit besonders kritischem Blick findet man zwar kleine, inkonsequente Kostenspar- oder „das ist eben praktisch"-Details, wie z.B. die klobigen Kartenschlösser, die Einlass in die sehr geräumigen und stilsicher eingerichteten Villen gewähren. Aber solche und andere „Brüche" sind leicht und besonders schnell zu verschmerzen, wenn man sich vor seine Villa auf den Liegestuhl legt, übers Riff in den grünblauen Ozean hinausblickt und dem Rauschen der Wellen und Palmenblätter lauscht.

Es mag Menschen geben, die gerade in einer derart paradiesischen Umgebung auch gourmettechnisch Weltklasse erwarten. Dieses Klientel kann Kanuhura nur bedingt beglücken. Zum Glück. Das Mahl am Büfett im Restaurant Thin Rah oder alternativ im Olive Tree Restaurant ist exzellent, mit internationalen Einflüssen kreativ gemischt (es kochen 9 Nationen), aber nie übertrieben. So geziemt es sich zwar mit langen Hosen zu erscheinen aber das ist dann auch schon die höchste Stufe der Eleganz.

Angesagt ist Lockerheit und Entspannung auf der ganzen Linie. Mit diesem Konzept ist das Resort der perfekte Ort, um die Seele baumeln zu lassen und kreativ voll zu tanken. Mit Super plus.

06 | Eine reichhaltige Auswahl eigens entwickelter Ölmischungen wartet darauf, von zarten Händen kräftig in den Körper geknetet zu werden.

07

08

09

10

07 | Blick auf die Wasservillen in der Morgendämmerung.

08 | Einer der Massageräume zur Einzelbehandlung. Hinter der Flügeltüre befindet sich eine Freiluftdusche.

09 | Übergang zwischen Poolanlage und Rezeption. Links ist ein Gebäudeteil des Veli Café – der beste Platz für den Sundowner.

10 | Unabhängig, ob man eine der Strand- oder Wasservillen bewohnt, zum „bunte Fische im klaren Wasser anschauen" sind es immer nur ein paar Schritte vom Bett.

soneva fushi | baa atoll . maldives

DESIGN: Dick Wells, Tebbott & Wells, Ismael Rasheed, Riyan Design Dick

Das auf der gut 45 Flugminuten von Male entfernten Privatinsel Kunfunadhoo liegende Resort ist eine echte Rarität der Luxushotellerie. Die Besonderheit liegt vor allem in der sehr persönlichen und individuellen Ausrichtung der Anlage. Natürlich umsäumt die rund 1,5 Kilometer lange und bis zu 400 Meter breite Insel ein weißer Sandstrand mit Kokospalmen. Und keine Frage: das smaragdgrüne Wasser ist kristallklar. So klar, dass man sogar trockenen Fußes bunte Fische und Korallen ansehen kann.

Nicht ganz so häufig auf den Malediven zu finden ist dagegen eine derartig üppige Flora an Land. Mit mehr als 250 Pflanzenarten ist der auf Sand gewachsene Minidschungel im nördlichen Baa Atoll regelrecht verwöhnt. Und sogar die ohne Taucherbrille zu entdeckende Fauna ist etwas lebhafter als auf anderen maledivischen Eilanden. Wer das tropenartige Dickicht durchstreift, trifft auf wilde Kaninchen, Hühner aber auch Lizards und ab der Dämmerung sogar Flughunde.

Einzigartig und von erkennbarer Authentizität ist jedoch die Hotelanlage selbst. Mit dem schwedischen Ex-Modell Eva Malmström und dem indischen Kaufmann Sono Shivdasani hat sich ein Paar gefunden, das als Meilenstein seines noch jungen Hotelbusiness hier seine Vorstellung einer Luxusanlage kompromisslos verwirklicht hat. Das Ergebnis sind 62 großzügige Strandvillen und 25 Doppelzimmer, die die Architekten in insgesamt 6 Gruppen so im Dschungel versteckt haben, dass Papparazzi wenig Chancen haben, vom Wasser her irgendwelche prominenten Gäste abzulichten. Und doch gibt es direkten Zugang zum Wasser und den Postkartenidyllen-Blick aufs Meer.

01

02

01 | Schlafzimmer in einer Soneva Fushi Villa.

02 | Teil der Owners Villa mit Privatpool.

03 | Wohnraum in der Ownersvilla mit Blick auf den Privatpool.

04 | Direkt vor der Haustüre beginnt eine der ursprünglichsten Unterwasserwelten.

Für den dicken Geldbeutel sind die Rehendi Zimmer in einer Art Reihenhaus gedacht, das etwas dickere Portemonnaie mit Hang zur Romantik findet sein Domizil in den 60 m² großen, zweigeschossigen Crusoe Villen.
Ein noch größeres Investment erfordert die Deluxe Version dieses Villentyps. In Richtung Superlative kommen wir bei den 80 m² großen Soneva Fushi Villen und erst recht bei den 96 m² großen Soneva Fushi Suiten. Wem das alles immer noch nicht ausreicht, der könnte es natürlich auch einmal mit der Presidential Villa (190 m²) versuchen. Wer hier in der Hochsaison im Winter bis zu 3.500 USD pro Nacht für sich und seinen Clan mit locker bis zu sechs Personen ausgeben möchte, darf auch gerne seinen persönlichen Butler oder sein Kindermädchen mitbringen. Denn selbst dafür ist eigens ein Zimmer mit Bad vorgesehen.
Jedes der mit Palmenblättern bedeckten Häuser hat seinen privaten Garten mit üppiger Vegetation. Selbst die direkten Nachbarn haben kaum Einblick in die Privatsphäre der Gäste. Die Baumaterialien, vorherrschend Holz und weiß getünchtes Mauerwerk, stammen soweit möglich, aus der näheren Umgebung. Treppen- und Balkongeländer sind aus naturbelassenen Ästen und kleinen Stämmen. Stühle, Sessel, Tische und Betten aus grobem Bambus und Palmenholz „geschnitzt". Das an Familie Feuerstein erinnernde Design verleiht den Edelhütten eine heimelige Robinsonromantik, ohne jedoch in den Kitsch abzugleiten. Im Kontrast zu den organischen, oft eher bulligen Formen, stehen das vorwiegend in weiß gehaltene Mauerwerk, nur ab und zu von dezenten Orangeflächen unterbrochen, die beigen Möbelbezüge und weißen Bettstoffe, grob geschliffene Steinplattenböden, große Fensterflächen sowie die gut platzierten Beleuchtungskörper. Während die Rehendi Zimmer bewußt reduziert eingerichtet sind, mit dem Bett nur knapp über dem Boden, sind die Crusoe und Soneva Fushi Villen etwas großzügiger und komfortabler ausgestattet.

Dabei sind die Gästevillen nur ein Aspekt des Angebots. Besonderen Wert legen Inhaber und Management auch auf die Spitzengastronomie und das angeschlossene Wellnesscenter mit acht Behandlungsräumen. Im Restaurant Me Dhunyie serviert der Chef Weltklassemenues nach der Devise „east meets west", in dieser Art auf den Malediven bisher einmalig.

04

03

01

02

Obwohl reichhaltig an faszinierender Natur und buddhistischen Sehenswürdigkeiten, ist das zwischen Indien und Thailand liegende Myanmar im Westen nur wenig bekannt. In der jüngeren Geschichte waren es dann ausgerechnet auch noch negative Schlagzeilen, mit denen das ehemalige Burma von sich Reden machte. Mit einem Höchstmaß an Brutalität fiel die erst 1947 von den Briten in ihre Unabhängkeit entlassene Kolonie 1962 einer Militärdiktatur zum Opfer.
Mit der Umbennung des Landes von Burma in Myanmar ging 1988 zwar ein Führungswechsel einher, der 1990 in freie Wahlen mündete und den die „Nationale Liga der Demokratie" deutlich für sich entschied. Dennoch bestimmt die Armee bis heute die nationalen Geschicke.

Gerade wegen seiner eher stillen und in der Tourismusindustrie noch wenig vermarkteten Schönheiten ist das Land eine exklusive Premium-Destination. Fast 90 Prozent der insgesamt 34 Millionen Einwohner sind Buddhisten. Entsprechend groß ist das Angebot religions-historischer Zeugnisse, wie zum Beispiel die im 18. Jahrhundert erbaute, 112 Meter hohe Shvedagon-Pagode in der Haupt- und Hafenstadt Yangon (ehemals Rangun).

Eine noch heute authentische Errungenschaft der britischen Kolonialherrschaft ist „The Strand". Das einzige echte Luxushaus des Landes öffnete 1901 erstmals seine Pforten. Zu dieser Zeit galt es als das beste Haus östlich des Suezkanals und war bevorzugte Adresse des weltreisenden Adels. Von seinem einstigen Flair hat es nichts verloren – seit seiner umfangreichen, sehr behutsamen Renovierung Mitte der Neunziger Jahre sogar noch hinzugewonnen.

Das wie ein Palast angelegte, dreistöckige Gebäude mit viktorianischer Fassade und Säulenportal beherbergt nur 32 Suiten. Die haben es aber in sich. Zwischen 50 und 200 m^2 Wohnfläche, bis zu 3,50 Meter hohe Decken und eine

DESIGN: David Wordsworth, Leigh & Orange Co. Ltd.

Ausstattung die kolonialen Wohlstand ausstrahlt. Warme Holzfußböden, gelblich-ockerfarbene Wände, naturfarbene Stoffe bei Vorhängen, Betten und Polstermöbeln sowie großzügige Bäder mit feinen, nie kitschigen Fliesenmustern schaffen eine angenehme Wohnatmosphäre.

Bemerkenswert ist die akkurate handwerkliche Verarbeitung der Einbauten. „Der Respekt vor der Geschichte, das Einfühlen in die Denkweise unserer Väter und Großväter sowie die Perfektion in der Detaillierung sichern die Authentizität eines Hauses mit Geschichte", beschreibt der Architekt David Wordsworth sein Bemühen, das Flair mit zeitgemäßem Komfort und den Errungenschaften moderner Technik zu verbinden.

Zum Eintauchen in eine Welt aus Bildern der Vergangenheit verlockt besonders der edelholzvertäfelte Tresen der „Strand Bar". Spätestens nach dem zweiten trockenen Martini, wenn der leise surrende Ventilator einen wie eine Zeitmaschine in andere Welten befördert, versucht man sich unauffällig herumzudrehen. Und er ist wirklich da, der Schatten von Sean Connery und man hört ihn leise, aber bestimmt sagen: „Bond, James Bond…"

Auch wenn das Hotel ursprünglich eher für Geschäftsreisende konzipiert wurde, ist es ebenso als Ausgangspunkt für private Exkursionen geeignet. Für Gaumenfreuden sorgen das „Strand Café", eine helle, sonnige Räumlichkeit, in dem es auch Frühstück gibt und der „Strand Grill", das einen Mix aus burmesischer Küche mit westlichen Einflüssen serviert und zu einem der am besten bewerteten Restaurants der Vier-Millionen-Metropole Yangon zählt.

01 | Die Hotelboutique führt eine exklusive Auswahl asiatischer Antiquitäten und Kunsthandwerk.

02 | Bis heute konnte das 1901 erbaute Strand den Charme des luxuriösen Konlonialhotels bewahren.

03 | Haupthalle

04 | Zwischen 50 und 200 m² grosse Suiten mit Raumhöhen bis zu 3,50 m sind auf den beiden Stockwerken verteilt.

05 | Immer noch weht in der Strand Bar die Atmosphäre der Kolonialzeit.

amanpulo | pamalican island . philippines

DESIGN: Bobby Manosa

Einem Stöckelschuh gleichend windet sich dieses sandige, mit Hügeln und Felsformationen durchwachsene Privateiland durch das klare, blaue Wasser des Sulu Meers im mittleren Westen der Philippinen. Geschützt durch ein weitläufiges Korallenriff und jenseits der Touristenströme ist die Destination eines der unberührtesten Taucherparadiese und ein von Menschenhand gestalterisch bestens ergänztes Naturereignis.

Für die exklusiven Amanresorts hat der Architekt Bobby Manosa die ehemalige Kokosnussplantage zu einer der umwerfendsten Hotelanlagen veredelt. Dank der abwechslungsreichen Topografie hat der Gast die Wahl zwischen 29 Strand- oder 11, auf Stelzen gebauten, baumhausähnlichen Hügelhütten. Mit jeweils rund 65 m² Grundfläche bieten die luxuriös ausgestatteten Räume reichlich Platz, um sich auch für längere Zeit in vollkommene Privatheit zurückzuziehen und niemandem zu zeigen. Diese Abschottungschance ist ein Grund für die Beliebtheit der Anlage bei publikumsscheuen Prominenten. Wem dieses Angebot zu eng erscheint, hat die Möglichkeit eine der beiden Residenzen zu mieten: Entweder mit vier Schlafzimmern und Bädern, großzügigem Wohnraum, Essraum und Küche sowie insgesamt neun Pavillons oder gleich ein kleines Feriendorf mit vier kleineren und einer großen Villa mit privatem Strandclub.

Nahezu jedes Anliegen erfüllen die Bediensteten in teilweise atemberaubender Geschwindigkeit. So kommt es schon vor, dass einer der zahlreichen Gärtner just in dem Augenblick eine geköpfte Kokosnuss zum Austrinken anbietet, wenn man vor sich die Palmen betrachtet und an frische Kokosmilch denkt. Selbstverständlich geschieht dies in der typisch asiatischen Unaufdringlichkeit.

Bei der Gestaltung der Bungalows zitiert und interpretiert Manosa die archetypischen Elemente der traditionellen Bahay Kubo. Das sind die typischen Dorfhütten auf den 7.000 Inseln zählenden Philippinen.

01

02

03

01 | Endlos weiße Sandstrände sind auf der 5,5 km langen und 500 m breiten Privatinsel für die Gäste des Amanpulo reserviert.

02 | Eine der 11 Hütten, die auf Stelzen in den bewaldeten Hügel gebaut sind. Von der Couch und erst recht von der Terrasse aus gibt es die beste Übersicht.

03 | Strand Pavillon

04 | Um das Schwimmbad herum gruppiert sin Restaurant und Bar.

In der Landesprache Tagalog bedeutet „Bahay“ „das Zuhause“ und „Kubo“ steht für „Kokospalmwedel“, die allerdings nicht die Dächer bedecken, sondern vorwiegend als Basiswerkstoffe zu Möbeln und Accessoires verarbeitet sind. Die Gebäude sind sehr robust und wetterbeständig aus Holz gebaut, die Dächer mit Schindeln eingedeckt. Die Wände bestehen teilweise aus festem Mauerwerk, in erster Linie aber aus in Holzrahmen eingesetzten Glasfronten. Riesige Glasschiebetüren trennen den Innenraum fast nahtlos von der außen liegenden Terrasse und geben den Blick auf die grüne Hügellandschaft und aufs Meer frei. Für eine Siesta im Freien warten kuschelige mit Leinen bezogene Diwans auf ihre Benutzung. Fast die Hälfte des gesamten Wohnraums ist fürs Bad reserviert. Dusche, Wanne und zwei Ankleiden präsentieren die mit Cebu Marmor versehene Räumlichkeit gut durchdacht und an den Bedürfnissen der Gäste orientiert. Unter gestalterischen Gesichtspunkten fällt die Möblierung etwas üppig aus. Bogenformen an Betthaupt oder Badspiegel sowie zahlreiche Profilleisten an Schubkasten und Möbeltüren wirken etwas schwülstig, ebenso wie die leicht überladene Dekoration. Die Grenze zum Spießigen ist aber nicht einmal angenähert, insgesamt bildet die Formensprache eine schlüssige, stilvolle Einheit.

Mit einer Länge von rund 5,5 Kilometer und einer Breite von 500 Metern ist die Insel zwar überschaubar, aber nicht winzig. Sie besitzt sogar eine Lande- und Startbahn für Kleinflugzeuge sowie weitläufig angelegte Restaurant-, Wellness- und Poolanlagen sowie Sporteinrichtungen, wie Tennisplätze, eine Tauchbasis, Windsurf- und Segelstationen. Wer die Insel erwandern möchte, trifft gut verteilt immer wieder auf romantische Picknickplätze mit geschützten Pavillons, die zum Verweilen und Entspannen einladen.

04

01

gallery evason | singapore

DESIGN: William Ling, Tang Guan Bee

Singapur ist nicht nur eine der saubersten asiatischen Städte, sondern glänzt auch durch seine gute Infrastruktur und Lage als Handels- und Verkehrsknotenpunkt.
Mit dem Raffles hat es zudem eine der faszinierendsten Legenden. Der Rest der Hotellerie ist ebenso Weltspitze. Alle großen Namen sind vertreten. Die Häuser könnten aber genauso gut in anderen Metropolen stehen und besitzen keine unverwechselbaren Eigenheiten.

Mit dem Debüt des Gallery Evason Hotel im Jahr 2000 hat sich das Bild der gediegenen Stadt mit gediegener Hotellerie schlagartig verändert. Mit ihrem geradezu avantgardistisch anmutenden Entwurf zeigen die Architekten und Designer William Ring und Tang Guan Bee überdeutlich, dass es eine lokale kreative Szene gibt, die die internationale willkommen heißt. Am Ufer des Singapore River in Robertson Quay gelegen, ist es das erste wirklich zeitgenössische Designhotel. Seine geometrische Formensprache, die akzentuierte Farbgebung der Fensterrahmen und Treppenhäuser und die minimalistischen Details sind ein Meilenstein der urbanen, asiatischen Hotelarchitektur.

Robertson Quay ist die derzeit innovativste Meile in der Stadt. Vor hundert Jahren durch Landaufschüttung gewonnen, war es ursprünglich „Speicherstadt" des Hafens und lebhaftes Handelszentrum. Durch die Containerschiffahrt und die wachsende Bedeutung des internationalen Flughafens verwaiste das Viertel immer mehr bis es in den späten 80er Jahren in einem Planverfahren als neues Gewerbe-Mischgebiet, vorwiegend für High-Tech und Medien ausgewiesen wurde. Einige Jahre später, mit dem weltweiten Aufschwung der Informationstechnologie und dem Startup-Boom griff das Konzept und Robertson Quay wurde zur ersten Adresse der jungen, kreativen Szene. Durchaus vergleichbar mit South of Market in San Francisco oder Manhattans Silicon Alley rund um den Union Square. Der perfekte Rahmen also für ein einzigartiges Hotel im Stil der Gallery Evason.
Für das Management verantwortlich zeichnen Six Senses Hotels, die auch die in diesem Buch vorgestellten Häuser Soneva Fushi auf den Malediven und das Ana Mandara in Vietnam betreuen. Eine Gesellschaft also, die Architektur und Design zum festen Bestandteil ihrer Philosophie erhoben haben, und ihre Mitarbeiter in diesem Sinne auch schulen.

Der Gebäudekomplex hat bis zu zehn Stockwerke und ist in einen öffentlichen und privaten Bereich mit insgesamt 223 Gästezimmern in fünf verschiedenen Kategorien und miteinander verbundenen Baukörpern unterteilt. Der mit feingerippter Metallfassade verkleidete, zur Straßenseite hin abgerundete „Bookend Tower" beherbergt drei verschiedene Zimmerkategorien: 52 knapp 30 m^2 große Räume im „Bookend Club", sieben auf mehrere Etagen verteilte 41 m^2 große Räume im „Bookend Observatory" und acht Studios mit Kitchenette und einer Gesamtgrundfläche von 60 m^2.

Im mittleren Baukörper „Gallery" befinden sich neben der Atrium-Lobby, Restaurant, Bar, Konferenzräume und Büros auch noch 125 Gästezimmer mit einer Grundfläche von 26 m^2. Bemerkenswert: neben den üblichen Raucher- und Nichtraucheretagen, ist das fünfte Stockwerk Frauen vorbehalten.

Architektonisch am auffallendsten ist das „Glazzhaus". Über einem fünfgeschossigen Sockel thront ein Kubus mit vorgesetzten, farbigen Kasten- und erkerähnlichen Eckfenstern. Nachts wird der Baukörper zusätzlich durch

01 | Treppenhaus und Fassade des Gebäudeteils "Glazzhouse". Hervorstechendes Kennzeichen sind die farbigen Kastenfenster.

02 | Nachts zeichnen farbige Neonleuchten ihre Konturen auf dem Kubus.

03 | Aus den Ecksuiten hat man eine Panoramaaussicht.

04 | Das Schwimmbad mit Glaswand ist auf die fünfte Etage aufgesetzt und ragt über den Baukörper hinaus.

02

03

04

in die Panelfassade eingelassene, farbige Neonleuchten illuminiert.

Alle Baukörper sind auf nahezu jeder Etage durch Treppen, Brücken, Aufzüge, Gallerien und Glasübergänge miteinander verzahnt. Der Gang durch den Komplex gleicht einem Entdeckungsspaziergang durch eine dreidimensionale Schablone der Architekten.
Die Zimmerwände sind cremefarben, Teppiche in gedämpften Grau, Einbau- und Beistellmöbel größtenteils in Teakholz. Dank der fast immer großflächigen Fenster sind die Räume sehr hell und bieten zudem vor allem in den höheren Stockwerken einen Panoramablick, wahlweise auf die Stadt oder den Singapore River. Nicht besonders groß dagegen sind die mit schwarzem Marmor, Edelstahl und grauen Fliesen ausgestatteten Badezimmer. Sie wirken aber dennoch nicht eng, da sie vom Schlaf- und Wohnraum durch eine zarte Milchglaswand getrennt sind. Perfekt nutzbar sind die Zimmer als „mobiles Büro". Vernünftige Schreibtische, ausreichend Steckdosen, Internetanschluss und Besprechungsecke beflügeln kreative Gedanken und bieten einen exklusiven Rahmen fürs geschäftliche tête-à-tête. Technik-Schnickschnack sind dagegen die bewegungssensitiven Lichtschalter. Je nachdem wohin man sich bei Dunkelheit bewegt, gehen an der Decke oder an der Wand die Lichter an. Zweifellos ein planungstechnisches und optisches Highlight ist das Schwimmbad. Gut sichtbar von der Straße aus sitzt es auf dem Dach, über dem fünften Stock eines weiteren, lagerhausähnlichen Gebäudes und erstreckt sich dort über die Kante des Baukörpers hinaus. Wegen der seitlichen Glaswände gehört allerdings etwas Überwindung dazu, die Strecke mit dem durch das Wasser eingetrübten Blick auf Singapurs Skyline abzuschwimmen. Um den Ansprüchen der Zielgruppe gerecht zu werden und auch gleichzeitig als Empfehlung für die einheimische Szene, ist das Hotelrestaurant 24 Stunden geöffnet. Desweiteren gibt es drei Bars, den clubartigen „Liquid Room" für Nachtschwärmer, die designbewusste „Orb Bar" und „L'aras", eine Weinbar mit Blick über den Fluss – ein Ort, der sich als Treffpunkt nach Büroschluß etabliert hat.

Ihr Engagement für Kunst, Architektur und Design demonstrierte das Management jüngst auch durch die Kooperation mit Singapurs Kunstschule LaSalle SIA. Vierteljährlich finden im Hotelkomplex Kunstausstellungen inklusive Performances und Videoinstallationen statt.

05

06

07

05 | Hotelrestaurant und Bar sind rund um die Uhr geöffnet.

06 | Zimmer in dem Gebäudeteil "Gallery". Hinter einer transparenten Wand mit Schiebetüren befindet sich eine Kitchenette.

07 | Badezimmer und Wohn-/Schlafraum sind durch eine Milchglaswand getrennt.

08 | Schwimmen über den Dächern von Singapore. Für Menschen mit Schwindelgefühlen nur bedingt empfehlenswert.

08

Das erste zeitgenössische Designhotel auf Taiwan ist minimalistisch, wirkt aber kein bißchen kühl. Mit seinen dezent und dennoch klar eingesetzten Farben und Materialien ist es eine moderne Interpretation fernöstlicher Architektur mit westlichen Einflüssen. Das Haus liegt im Zentrum der wirtschaftlich agilen taiwanesischen Metropole Taipeh, umgeben von den wichtigsten Shoppingzentren und in Gehweite vom Taipeh World Trade Center. Alleine schon von der Lage zählt es zur ersten Adresse für Geschäftsreisende. Freilich hat es aber nichts mit dem Typus der uniformen Businesshotels gemein, sondern besticht durch sein Design sowie seine überzeugende Formensprache und Materialauswahl.

Funktionale Ansprüche hat der in Taiwan ansässige Architekt Lu Shi-Chieh in seiner Planung ebenso beherzigt wie die emotionale Ansprache.
Das Ergebnis ist eine zeitlose Eleganz, die gerade in solchen Wirtschaftsmetropolen so gut wie nie zu finden ist. Vor allem nicht in größeren Hotels. Das United Hotel ist mit seinen insgesamt 226 Zimmern und 17 Suiten der Kategorie „Boutique" längst entwachsen. Dennoch hat es sich den Charme eines überschaubaren Hauses mit viel persönlicher Atmosphäre, Ruhe und Privatheit gut bewahren können.

Die Zimmer sind schlicht aber bequem ausgestattet, mit wandfüllenden Einbauschränken, schokoladenfarbigen Couches, Betten mit dicken, stabilen Leinenbezügen sowie eleganten Kirschbaumholz-Schreibtischen. Große Fenster, die fast bis zum Boden herunterreichen, weiße Wände und graue Teppichböden verleihen den Räumen eine von Tageslicht durchflutete Freundlichkeit und bieten einen ausgewogenen Kontrast zu den dunklen Farbtönen des Mobiliars. Die Räume sind die perfekte Umgebung zum Arbeiten. Zu dem angenehmen Wohn- und Arbeitsklima tragen allerdings auch die größtenteils guten Ausblicke auf die

01

02

DESIGN: Lu Shi-Chieh

03

04

Metropole bei. Fast aus jedem Zimmer eröffnen sich faszinierende Perspektiven auf die Skyline. Wände und Böden in den Bädern sind komplett mit stark geflammten Marmorplatten ausgelegt, nur unterbrochen von großflächigen Spiegeln. Ein nostalgisches Zitat ist die freistehende Keramikbadewanne, deren Füsse nicht an Dackel, sondern Elefanten erinnern.

Bei der Planung der Flure mag Lu Shi-Chieh an das Cover des Beatles Album Abbey Road gedacht haben. Ähnlich der vier Pilzköpfe, die die Straße überqueren, schreiten hier die Gäste über den zebragestreiften Teppichboden, die glänzend chamois-weiß lackierten bzw. mit Marmorplatten eingefassten Wände entlang, bis sie in ihre Zimmer abbiegen. Dieser durchaus einem Catwalk ohne Pubikum ähnelnde Spaziergang findet seine Betonung durch die geschickt am äußeren Deckenrand eingelassenen Halogenlichter. Wen das Gefühl angestrahlt zu werden kalt lässt, der kann sich umso mehr der Textur der Wandoberflöchen widmen, die die Leuchtkörper zum Leben erwecken.

Das Hotel insgesamt ist sehr praktisch, aber es emotionalisiert auch. „Unser Ziel war es, einen architekturbetonten Raum zu schaffen, der die Sinne anspricht und gleichzeitig alle funktionalen Anforderungen optimal erfüllt", bestätigt Lu Shi-Chieh diesen Eindruck. Der Größe des Hauses entsprechend verfügt es über zwei Restaurants, eine Bar, einen Konferenz- und Veranstaltungsraum sowie ein Fitness- und Wellnesscenter mit Dampfbad und Sauna. Westliche und asiatische Spezialitäten serviert das als „Coffee House" deklarierte Slate Café, das auch als Frühstücksraum dient.
Als Geheimtipp für erstklassige taiwanesische Küche wird das Pei Full Restaurant gehandelt, und die Cooper Bar ist aufgrund der guten Positionierung des Hotels als kreativer Ort auch bevorzugter Anlaufpunkt der lokalen Szene.

01 | Im Pei Full Retsaurant serviert der Küchenchef kreativ zubereitete chinesisch-taiwanesische Spezialitäten.

02 | Ungewöhnlich minimalistisch für ein mittelgroßes Stadthotel sind nicht nur die Gästezimmer, sondern auch die öffentlichen Räume wie hier die Lobby.

03 | In Hotels bisher noch ein echtes Unikum ist die Badewanne inmitten eines Zimmers. Die meisten der 226 Zimmer und Suiten haben deshalb auch ein abgetrenntes Badezimmer, allerdings nicht minder innovativ.

04 | Im Slate Café gibt es Frühstück und internationale Küche am Mittag und Abend.

01

02

„Erwachendes Glück" bedeutet „Sukhothai" frei übesetzt und der Name, dessen Patenschaft auf Thailands erstes Königreich im Jahre 1238 zurückreicht, ist Programm. Anders als die Firstclass Hotels am Fluss, liegt das Sukhothai als Oase der Ruhe im hektischen Zentrum Bangkoks. Anders ist auch sein Auftritt. Nichts hat es gemeinsam mit den zweifellos hervorragenden, aber entweder ältlichen oder unübersichtlich großen Kästen, deren guter Geschmack sich auf das Essen und den Service konzentriert. Das Sukhothai ist kompakt, überschaubbar, extrem elegant und ästhetisch. Garant für die gelungene Architektur ist einmal mehr Edward Tuttle, der neben dem Amankila auf Bali und Amanpuri auf der Insel Phuket auch die in diesem Buch vorgestellten Chedi Phuket und Amanjiwo in Zentral Java gestaltete. Seine zurückhaltende bis minimalistische Formensprache kommt auch hier zur Geltung. Vereint hat der die besten, fast durchweg einheimischen Werkstoffe mit meisterlicher Handwerksarbeit und traditioneller, thailändischer Bauweise

05

01 | 02 Die hohen Räume der Empfangshalle unterstreichen den "First Class" Anspruch des Sukhothai.

03 | Großzügige Bäder bieten reichlich Platz zum Ankleiden.

04 | Schon die Einstiegskategorie mit Superior Zimmern bietet mehr Raum und Luxus als manche Suite in anderen Hotels.

05 | Service ist auch im Sukhothai eine Dimension für sich.

03

04

DESIGN: Edward Tuttle

07

06

Angelegt ist das Sukhothai in mehreren, klar strukturierten Gebäuden mit quadratischen Fensterreihen auf einem 2,5 Hektar großen, parkähnlichen Grundstück mit altem Baumbestand, gepflegter Gartenlandschaft und viel Wasser. Teiche, kleine Kanäle und Brunnen sind bewußt als gestalterisches Element eingesetzt.
Das detailbetonende Arrangement aus Landschaft-, Gebäude- und Innenarchitektur sticht auch als erstes ins Auge, wenn der Chauffeur aus dem hektischen Tuktuk- und Zweiradgewusel auf das Ruhe ausstrahlende Gelände einbiegt. Der aufmunternde Duft von Lilien, Lotusblüten und Jasmin löst das atemraubende Zweitaktgemisch ab. Drapiert ist die Anlage zudem mit kunsthandwerklichen Gegenständen, wie zum Beispiel die pagodenartigen „Chedis". Das sind an Glocken erinnernde buddhistische Symbole.

Die 146 Zimmer und 78 Suiten sind in verschiedenen vier- bis neunstöckigen Gebäudeteilen untergebracht. Umsäumt sind sie von offenen Galerien, Dielen und Kollonaden. Da der Blick auf die Nachbarschaft weniger spektakulär ist, als bei den am Fluß gelegenenen Hotels, sind die Zimmer des Sukhothai auf die Parkanlagen und Wassergärten ausgerichtet. Ziel der Auftraggeber war es, die Atmosphäre alter siamesischer Stadtpaläste für unsere Zeit zu definieren. Tuttle übersetzte die früher gerne überladenen und goldgetränkten Verzierungen in eine reduzierte aber umso ausdrucksstärkere Formensprache, bestimmt durch die Konzentration auf Details, wie zum Beispiel die Leuchtenauswahl, Einfassungen von Türen und Durchgängen, Verspiegelungen sowie Sockel-, Wand- und Deckenanschlüsse. Für detailversessene Konstruktionszeichner ist der aufmerksame Gang durch das Hotel wie das Blättern durch ein Buch der Konstruktionslehre, mit unzähligen, guten Beispielen.
Die Gästezimmer und Suiten selbst sind überaus groß und dank ihrer harmonischen sachlichen Material- und Farbauswahl alles andere als drückend. Im Erdgeschoss haben sie meist kleine private Gärten, oft umgeben von Wasser – in den oberen Stockwerken besitzen einige Suiten Balkone oder Terrassen. Möbel, Einbauten und teilweise Wandverkleidungen sind aus Teakholz, Stoffe meist aus Seide und Teppiche aus dem einheimischen Celadon.
Das gleichnamige Restaurant „Celadon", dem nachgesagt wird, eine der besten authentischen Thaiküchen zu offerieren, wird auch in der lokalen Szene sehr geschätzt. Untergebracht ist es in einem Pavillon mit traditionellem, thailändischen Spitzdach, umgeben von einem Lotusblütenteich.

08

09

06 | 08 Die pagodenförmigen, buddhistischen "Chedis" sind ein fester Bestandteil des gestalterischen Gesamtkonzepts.

07 | Das von einem Lotusteich umgebene Celadon ist eines der am besten beurteilten Restaurants Bangkoks.

09 | Eine 2,5 Hektar große Parkanlage mit viel Wasser umgibt die Hotelanlage.

01

muang kulaypan | koh samui . thailand

DESIGN: M.L. Archava Varavana

Leichter, frischer Wind weht durch die Palmen des Chaweng Beach auf Koh Samui. Die drittgrößte thailändische Insel ist dank seiner zahlreichen Traumstrände zugleich eine der beliebtesten Touristendestinationen des Landes.
An dem rund sieben Kilometer langen Chaweng Beach gibt es die meisten Restaurants, Bars und Clubs sowie eine Ansammlung großer Hotelkästen. In solcher Nachbarschaft kommt die Qualität eines gut gestalteten Resorts besonders zur Geltung. Das Muang Kulaypan fällt nicht nur wegen seiner Architektur wohltuend auf, sondern gibt sich in dem Gewühl auch als eine Oase der Ruhe und Meditation.

Als es 1997 seine Türen öffnete, war es zudem eines der ersten Beispiele für einen sensibleren Tourismus.
Eigentümer Khun Udomdej Bunyaraksh und der aus dem thailändischen Hochadel stammende Architekt M. L. Archava Varavana setzten auf eine Ausgewogenheit zwischen Natur und Überbauung. Sie kombinierten traditionelle Dorfarchitektur mit einer reduzierten, nahezu minimalistischen Formensprache. Dazu gehört auch die Beschränkung der Gebäude auf maximal zwei Stockwerke. Dank der luftigen Bauweise und großer Terrassen sind die Räume praktisch mitten in der üppigen Natur und wirken bei allem Luxus angenehm ursprünglich.

Inspirieren ließ Varavana sich bei seinen Entwürfen von der Mystik altertümlicher Legenden, nach denen sich im Königreich seiner Urahnen „Sri Vijaya" – im Süden des heutigen Thailand – wilde und „verbotene" Liebesgeschichten zwischen dem javanesischen Prinzen Inao und der aus der südthailändischen Stadt Muang Kulaypan stammenden Prinzessin Budsaba abspielten. Entstanden ist eine Mischung aus Zen Formen, kunsthandwerklichen Einflüssen des südlichen Siam und Symbolen des damaligen Lebensstils. Beim Spaziergang durch die Anlage wird der sehr bewusste Umgang mit Architektur sofort deutlich. Nur wenig ist dem Zufall überlassen.

01 | Zeitgenössische Thai-Architektur ist am belebten Chaweng Beach noch die Ausnahme.

02 | Seitenansicht der Anlage. In der Mitte ist das Hauptgebäude mit Lobby und Restaurants, links und rechts sind die Reihenhäuser mit den Gästezimmern.

02

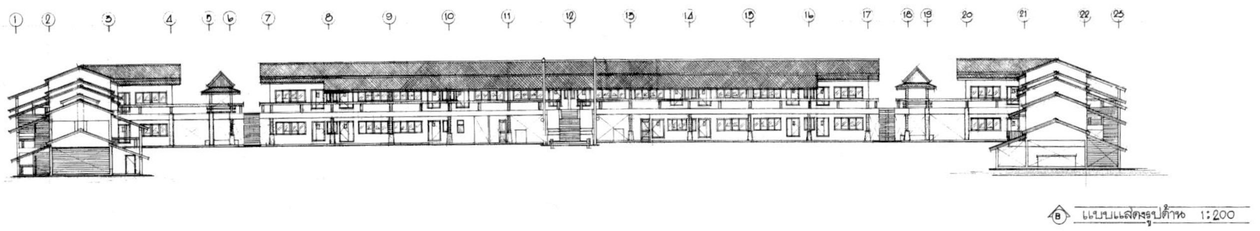

muang kulaypan | koh samui . thailand

03

03 | Eine der sieben Dachskulpturen, die Gastfreundschaft ausdrücken, aber auch gute Geister anlocken und böse vertreiben.

04 | Von westlichem Design beeinflusste Badgestaltung mit schwarzen Fliesen und Edelstahlbecken.

05 | Minimalistisches Design prägt die Gästezimmer. Die Möbel sind vom Architekten entworfen.

04

05

06

07

Gebäude, Wege, Pool- und Gartenanlage tragen durchgehend die Handschrift des Architekten, der mit viel Liebe fürs Detail eine spirituelle Atmosphäre schuf.

An zen-buddhistischen Grundsätzen orientiert sich auch die Innenraumgestaltung der nur 41 Zimmer. Wertvolle Hölzer hat Varvana von einheimischen Handwerkern zu von ihm entworfenen Möbeln bauen lassen. In den Schlafgemächern gibt es keine plüschigen Himmelbetten, sondern eine sehr gute Matratze, die futon-ähnlich auf einem bodennahen Holzrahmen liegt. Bestimmende Farben sind Grau-, Beige- und Brauntöne. Nahezu alle Räume besitzen einen Panoramablick über den Strand aufs Meer. Im Erdgeschoss haben sie zudem einen kleinen Garten, oftmals mit kunsthandwerklichen Skulpturen und Bonsaibäumchen verziert. Auf den Dächern stehen sieben Skulpturen, die Kinder mit symbolträchtigen Gegenständen darstellen.

Ungewöhnlich ist der schwarz gekachelte Pool. Auch er unterstreicht die Liebe des Architekten zu Zitaten aus alten Mythen und Traditionen. Er reflektiert einen Ort des „ruhigen Wassers" als Symbol für Entspannung und Besinnlichkeit.
Die poetische Architektur in ihrer Mischung aus traditioneller Bauweise und zeitgenössischem Design hat das Muang Kulaypan zu einer Lieblingsadresse asiatischer Kreativer gemacht: auch in Europa ist sie zu einem nicht mehr ganz geheimen Geheimtipp avanciert.

06 | Hufeisenförmig um das Schwimmbad gruppieren sich die miteinander verbundenen Gebäudereihen.

07 | Die meisten Zimmer haben Meerblick.

08 | Ungewöhnlich sind auch die mit Silberfolien bezogene Strandliegen.

08

the chedi | phuket . thailand

DESIGN: Edward Tuttle, Jon Vorapot Somton

Wenn satte grüne Tropenwälder, schneeweiße feine Sandstrände und tiefblaues Meer aufeinandertreffen, bleibt das selten wirklich einsam. Besonders nicht, wenn solche Paradiese auch noch einigermaßen gut erschlossen sind. Genau das trifft auf die thailändische Insel Phuket zu. Rund eine Flugstunde von Bangkok entfernt und mit hohen Flugfrequenzen bedacht ist die Insel einfach und schnell erreichbar. Nicht nur bei den Thailändern selbst, sondern auch bei Europäern hat sie sich deshalb längst zu einem der beliebtesten Urlaubsdomizile entwickelt. Trotz des Rummels, der das Eiland insbesondere in den letzten 10 Jahren heimgesucht hat, gibt es glücklicherweise aber noch eine Reihe ruhiger, fast unberührter Plätze. Ein solcher Ort ist die Küstenlinie in der Pansea Bucht. Hier befindet sich mit dem Chedi Phuket die etwas preiswertere „Schwester" des legendären „Amanpuri".

Die architektonische Handschrift vermischt auch hier die traditionelle, thailändische Hüttenbauweise mit moderner Sachlichkeit. Sie bringt die auf Papier geplanten, geometrischen Formen zusammen mit den natürlichen Wuchsformen von Palmen, Büschen, Sträuchern und Felsen. Und die Verwandtschaft zum Amanpuri ist alles andere als Zufall. Schließlich stammen auch hier die Basisentwürfe von dem US-amerikanischen, abwechselnd in Paris und Thailand lebenden Architekten Edward Tuttle. Mit späteren Ergänzungen des in Bangkok ansässigen Designers Jon Vorapot Somton entstand hier die perfekte Mischung aus Tradition und Inspiration.

Das Chedi ist Luxus ohne jeglichen Protz, Intimität ohne Einsamkeit, Wohlbefinden ohne übertriebene Dekoration. Die gesamte Anlage ist gekennzeichnet durch zurückhaltende Eleganz.

89 Einbett- und 19 Zweibett-Hütten ergeben in ihrer Summe schon ein richtiges Dorf. Drei Restaurants, Bar, Bibliothek, Boutique, Konferenzzentrum, Tennisplätze, Schwimmbad sowie Weltklasse-Wellness- und Spa-Einrichtungen sorgen außerdem für die adäquate Infrastruktur. Die geschickt zwischen Bäumen und Büschen platzierten Luxushütten lassen jedoch ausreichend Raum für Privatheit und die, mit der Natur eng verbundene Architektur beweist hier ihre Bedeutung als Ruhestifter.

Jede der Hütten – ob direkt am Strand oder am Hügel – öffnet einen Panoramablick auf die Bucht und das Andaman Meer. Besonders schön ist der Ausblick vom bequemen Liegestuhl auf Holzterrassen, die zu jeder Hütte gehören. Großzügig und luftig präsentieren sich die Innenräume. Weiße Wände, Atriumdächer und großflächige Fenster sorgen für Helligkeit.

Im Kontrast dazu bringen die dunklen Teakholzböden, Holzwände und Einbauten optische Wärme in den Raum. Sinnvoll und besonders von Frauen sehr geschätzt sind die großen Bäder und Ankleiden. Dem Klima entsprechend muss man hier nichts in enge Schubladen quetschen, sondern kann alles luftig aufhängen und verstauen.

Dank der geografischen Lage ist die Bucht nur über das Gelände des Chedi und das benachbarte Amanpuri erreichbar. Man hat den Strand also für sich und muss sich keiner Touristenströme erwehren, die vor dem Liegestuhl auf und ab spazieren.

01

02

03

04

05

01 | Luftige Räume mit Atriumdach und Terrassen. Alle Zimmer haben einen Blick auf die Bucht und Andaman Sea.

02 | Das Resort zählt 98 Einbett- und 19-Zweibetthütten, die durch ein Wegesystem mit Holzstegen und Treppen miteinander verbunden sind.

03 | Restaurant im Hauptgebäude.

04 | Einsame Bucht mit weißem, exklusiven Sandstrand, der nur über die Hotelanlage und das benachbarte Amanpuri erreichbar ist.

05 | Handwerklich akkurat verarbeitete Liegestühle gehören zu jenen Details, die viel über die duchgängige, gestalterische Qualität eines Hotels aussagen.

01

02

Die mit 200.000 Einwohnern mittelgroße Stadt Nha Trang, 450 Kilometer von Ho Chi Minh City entfernt im Süden Vietnams gilt als malerischster Küstenort Vietnams. Für die einheimische Bevölkerung ist er das, was für die Europäer Rügen, Brighton oder Deauville einst darstellten. Die typische Atmosphäre eines mondänen Seebades erlangte die Stadt während der französischen Kolonialzeit, als die großen Gebäude wie das Meeresforschungs- und Pasteur-Institut sowie viele der Hotels entlang der Strandpromenade entstanden. Die Architektur des Orts ist bis heute vom Stil der Jahrhundertwende geprägt.

Das durch die Kriegswirren geschwächte Land findet nach der Aufhebung von westlichen Handelsembargos langsam wieder Boden unter den Füßen. Unter dem Motto „doi moi" (neues Leben) leitete die vietnamesische Regierung 1991 eine neue Politik der Öffnung und der wirtschaftlichen Liberalisierung ein – die allerdings durch die Asienkrise der späten 90er Jahre einen Rückschlag erlitt. Umso höher ist es zu bewerten, dass die in Bangkok ansässige Hotelmanagement Gesellschaft Six Senses mit dem Ana Mandara 1997 eines der faszinierendsten Luxusresorts in Südostasien eröffnete.

Landschaftlich nur schwer zu überbietende Schönheit, jahrtausendealte Kulturzeugnisse, außergewöhnliche Gastfreundschaft und eine der weltbesten Küchen treffen in dem 3.700 Kilometer langen, seit dem Rauswurf der Amerikaner 1973 wiedervereinten Land aufeinander. Eine Mischung also, die Vietnam an sich schon zu einer der attraktivsten Reisedestinationen der Welt machen. Aufgrund der schwierigen wirtschaftlichen Lage und ungewissen Zukunftsaussichten scheint das Land freilich noch einige Zeit vorwiegend als Geheimtipp gehandelt zu werden.

DESIGN: Le Long Duc, VIC consultants

03

Das Hotel ist das einzige am Ort mit direktem Zugang zum palmenbesäumten Sandstrand und Meer mit seinem tiefblauen, kristallklaren Wasser. Sechzehn traditionelle vietnamesische Bungalows verteilen sich in einer üppigen tropischen Gartenanlage. Die darin untergebrachten, insgesamt 68 Zimmer und Suiten bieten fast alle einen ungestörten Meeresblick. Die Architektur ist eine Mischung aus traditioneller Bauweise mit einheimischen Materialien und Attributen moderner Zweckmäßigkeit. In ihrer Gesamtheit wirkt die Anlage mit ihren luftdurchlässigen Gebäuden harmonisch und aufs Detail bedacht.

Inneneinrichtung und Dekoration sind zwar ausgewogen, jedoch nicht gerade einzigartig. Sie sind trotz redlicher Bemühungen zum Aufbau einer stilistischen Eigenheit, ähnlich auch woanders zu finden. Wenn der Aufenthalt in den Zimmern schon nicht zum Designstudium taugt, so weisen sie aber keine Stilbrüche auf, sondern sind handwerklich sauber und ordentlich gestaltet.

Dank ihrer meist großflächigen Schiebetüren und Fenster sind die Räume zudem hell und mit allem erdenklichen Komfort auch für den längeren, Aufenthalt bestens geeignet – mit Relaxen, Schlafen und Essen. Beim morgendlichen Genuss eines knusprigen Baguettes ist die Welt in Ordnung.

Die freundliche Atmosphäre, gepaart mit der fantastischen Lage lenken die kritischen Betrachtungen ohnehin schnell wieder von solchen ästhetischen Geschmacksfragen um zu kulinarischen Auseinandersetzungen. Hier bietet das Resort Weltklasse. In dem „Ana Pavilion" mit atemberaubendem Blick auf die Bucht von Nha Trang serviert die Brigade vietnamesische Küche vom Feinsten.
Die Mischung aus indischen, chinesischen und französischen Einflüssen bringt die vielfältigsten und kreativsten Gerichte hervor. Zitronengras, Koriander, Minze und Limette als Frischmacher für Hummer, Langusten, Krebse und Garnelen verzücken den Gaumen und lassen einen resümieren: „Was gibt es Schöneres als gutes Essen?"

01 | Lobby, Lounge und Restaurant sind in dem weitgehend wandlosen Hauptgebäude untergebracht.

02 | In Vietnams traditionellem Strandbad Nha Trang ist das Ana Mandara das einzige Hotel mit direktem Zugang zum Strand.

03 | Blick unter den Baldachin in einem der 68 Gästezimmer.

the lindrum | melbourne . australia

DESIGN: Swaney Draper Architects, Terry Fripp, Neil Bradford

01

„Glock", der trockene Klang, der vom Queue getroffenen Kugel hallt dumpf durch den Raum und ist das letzte Relikt, das an die Szenerie einer rauchschwangeren, durchschwitzten Wettkampfatmosphäre erinnert.

Bevor dieses jüngste Melbourner Szenehotel 1999 nach einem Totalumbau seine Pforten öffnete, war es ein Billardclub. Freilich nicht irgendeiner, sondern betrieben von der Familie Lindrum, deren Söhne über Generationen ganz vorne mitspielten und in Australien einigen Ruhm erlangten. Ursprünglich entstand das Gebäude exakt zur vorigen Jahrhundertwende. 1900 erstellte es eine Kaufmannsfamilie als fünfstöckiges Lagerhaus für ihren Tee-, Kaffee- und Kakaohandel. Stiltypisch für die Bauweise in dieser Zeit sind die viktorianisch beeinflussten Vorzeigefassaden zur Hauptstraße hin. Jeweils über zwei Etagen reichende Arkadenfenster beanspruchen fast die Hälfte der gesamten Ziegelsteinfassade und bringen nicht nur viel Licht in die meist eher schmalen und tiefen Gebäude, sondern verleihen der Front auch jenen Prunk, der Wohlstand zum Ausdruck bringen sollte.

Ideale Rahmenbedingungen also zur Nutzung als einzigartiges Hotel mit Loftcharakter. Bis es soweit kommen sollte, verging allerdings noch fast ein Jahrhundert. Die meiste Zeit diente das Gebäude als Heimat für Verlagsaktivitäten, mal als Hauptquartier der Tageszeitung Herald, mal als Lager für Druckerschwärze, bis es 1973 eben zu jenem legendären Billardclub mutierte. Nachdem 1988 Rubert Murdoch's News Ltd. den Heraldverlag aufkaufte, kündigte er den

02

01 | Seinen Namen hat das Lindrum von einer Familie mit Billardchampions, die in dem Gebäude früher einen Spielsalon betrieben.

02 | Dank der großflächigen Fenster und der Struktur des ursprünglichen Lagerhauses wirken die Räume wie Lofts.

Mietvertrag mit der Familie Lindrum und ließ das Haus wieder als Verlagsbüro nutzen, bis es 1995 nach dem Wegzug des Verlags zum Verkauf ausstand. Zugeschlagen hat der Projektentwickler David Marriner, der über die Grenzen Melbournes hinaus durch seine Engagements bei Theater- und Kinobauten bekannt ist.
Er sah sofort die einmalige Nutzungsmöglichkeit als Hotel und holte sich mit dem Architekturbüro Swaney Draper und den Designern Terry Fripp und Neil Bradford ein Team, das das Gebäude zu einem der angesagtesten und am besten gestalteten Kleinhotels in der sportfreundlichen und kulturambitionierten Stadt am Yarra River inszenierte. Ziel war es, so viel wie möglich von der alten architektonischen Anmut zu erhalten und mit zeitgenössischem Design aufzuwerten. „Bei der Gestaltung wollten wir eine Balance zwischen dem historischen Charme des Gebäudes mit funktionaler und zeitgenössischer Architektur herstellen, eine Kombination aus behutsamer Restaurierung und bewusst eingesetzten, neuen Elementen", so Simon Swaney. „Licht und Raumvolumen haben ein ausgewogenes Verhältnis zueinander und schaffen so etwas wie eine ästhetische Empfindung für die Architektur". Den durch die großen Fensterflächen und hohen Räume ohnehin vorhandenen Loftcharakter haben die Gestalter durch eine reduzierte Möblierung noch verstärkt. Dennoch wirken die insgesamt 59 Zimmer und Suiten alles andere als kühl. Mit warmen Naturmaterialien wie Kokosfaserteppichen, schokoladenfarbenen Leinenbezügen der Polstermöbel und Betten, dunklen Hölzern bei den Möbeln sowie gut platzierten und schnörkellos gestalteten Leuchten, geben die Gästezimer sich sehr wohnlich und höchst ästhetisch. Gelungen sind auch die öffentlichen Räume. Schon der Empfang gestaltet sich überraschend angenehm in bester Clubatmosphäre. Die Lobby strahlt Intimität aus, die der offene Kamin zusätzlich unterstützt. Wer möchte, kann bei einem Drink an der Bar einchecken. Weitere Highlights sind das kleine Restaurant sowie der Billardraum, in dem einer der originalen Lindrum-Billardtische zum Stoß mit dem Queue einlädt. Das Lindrum liegt mitten im Zentrum, in der Flinders Street, eine von Melbournes Haupteinkaufsstraßen, welche die Innenstadt zum Yarra River hin abschließt. In dieser lebendigen Umgebung ist das Hotel der perfekte Ort zur Rekonvaleszenz nach ausschweifenden Einkaufsbummeln oder durchtanzten Nächten.

03 | Lobby, Bar und Bistro. Wer ankommt, kann gemütlich an der Bar einchecken.

Geradezu bestechend in gestalterischer Faszination ist dieses 40-Zimmer-Hotel im Melbourner Stadtteil St. Kilda. Es ist Teil des „Prince of Wales"-Gebäudekomplexes – ein hervorragendes, städtebauliches Beispiel für die gelungene Renovierung und Nutzung eines vom Zerfall bedrohten Art deco Blocks. Das Investoren-Gebrüderpaar John und Frank van Haandel gingen das Risiko einer kulturbetonten Umnutzung ein und realisierten innerhalb von vier Jahren ihr ambitioniertes Konzept aus Konzerthalle, Kneipen, Club, Läden und dem Hotel. Krönung im wahren Sinne des Wortes war Ende 2000 die Eröffnung des „Aurora" Spa mit Salzwasserpool auf dem Dach des Hauses. Die Rechnung der Brüder ging auf. Innerhalb kürzester Zeit hat sich das Prince of Wales zur ersten Ausgeh-Adresse der Stadt entwickelt und das Hotel zieht alleine durch Mund-zu-Mund-Propaganda weit über die australischen Grenzen hinaus seine Gäste an.

Während die Fassade des Gebäudes ihren historischen Charakter behielt, hat der für das Interior Design verantwortliche Architekt Paul Hecker das Innere in ein durch Großzügigkeit bestimmtes, lichtdurchflutetes Ambiente verwandelt. Weiße Putzwände begegnen Holz-, Teppich- und Steinböden in warmen Farbtönen. Weiße Bett-, Sessel

01

und Sofabezüge treffen auf schwarz lackierte Schränke und Kommoden. Diese Kontraste erzeugen Spannung und Wohlbefinden in einem. Die unaufdringliche Ausstattung kombiniert mit den großen, hellen Räumen erzeugt die in Großstadthotels nur selten anzutreffende Loftatmosphäre.

So eignet sich das Prince als Domizil für den erlebnisreichen Kurzurlaub genauso gut wie zum Aufschlagen des Unterwegs-Büros. Selbst die Couchgarnitur für den lockeren Business-Plausch in privater Umgebung ist vorhanden. Wem die Drinks aus der Minibar zu intim erscheinen, hat hier die echte Qual der Wahl – wenige Schritte vom Bett entfernt warten im „The Prince Wine Store" gut sortierte australische Spitzenweine auf ihre Tester.

Erst beim Rückweg sollte man einen Abstecher ins Mink unternehmen. Das mit dicken Samtvorhängen leicht konspirativ wirkende, auf russische Oktoberrevolution getrimmte Outfit der Bar zählt konstant zu den magnetischsten Anziehungspunkten der Stadt. 43 verschiedene Wodkas und zur Bodenbildung kleine russische Menüs verführen zum allmählichen Absturz. Mit dem Bett stets in sicherer Reichweite, ist das für Hotelgäste ja zum Glück kein Problem.

Vor dem Start derartiger nächtlicher Unternehmungen rät der Concierge gut und gerne zum Besuch des „Il Fornaio", einer Mischung aus Bäckerei, Feinkost und Café – eigentlich ein australisches Bistro. In Melbourne bedeutet das Weltklasse-Küche. Gourmetnahrung in theatralisch gestylter Umgebung gibt es im „Circa", dem feinsten der angeschlossenen Restaurants – mit Panoramablick über die Bucht. Kulturelles Highlight ist allerdings der „Bandroom", ein Konzertsaal mit Clubatmosphäre, in dem das junge Melbourner Publikum die aufregendsten Parties feiert und auch schon einmal Popstars von der Statur eines Lenny Kravitz vorbeischauen.

Gesegnet ist der Ort zudem mit dem höchst anzunehmenden Freizeitwert. Zwar gibt es nicht den paradiesischen Traumstrand schlechthin, aber ein immerhin sehr respektables Stück Ozean mit viel Sand an Land ist direkt um die nächste Ecke. Schwimmen ist erlaubt, Joggen, Rollerbladen oder Radfahren gar höchst empfehlenswert. Insgesamt also ein Platz zur kultivierten Pflege des „schönen Lebens" und zum Kennenlernen der ohnehin sympatischen, südaustralischen Großstadt von ihrer allerbesten Seite.

02

03

01 | Einem Bügelbrett nachempfunden ist die Theke der Hotelbar.

02 | Die loftartigen Räume sind in Wohn- und Arbeits-.....

03 | ...sowie einen Schlafbereich eingeteilt.

establishment | sydney . australia

DESIGN: Andrew Parr, Crowne & Associates, SJB Design

Viele Hotels werben mit ihrer scheinbaren Exklusivität und Einzigartigkeit. Bewohnt man sie jedoch mit etwas kritischem Blick, so entpuppen sie sich oftmals als austauschbar. Das Establishment in Sydney zählt zu jenen Häusern, die ohne es allzu laut zu sagen, das Prädikat exklusive Einzigartigkeit in vielfacher Hinsicht verdient. In einem 1890 in viktorianischem Stil erbauten Geschäftshaus direkt um die Ecke der Börse untergebracht, tritt es nach außen mit vollendetem Understatement auf. Im Unterschied zu den prunkvollen Auffahrten der Hotelburgen, ist der Eingang zum Establishment gut vor neugierigen Blicken verborgen. In der kleinen Seitengasse „Bridge Lane" trifft man mit detektivischer Suche oder guter Beschreibung auf eine schwarze Türe, die in die loftartige Lobby führt. Das Ende 2000 eröffnete Hotel ist der ruhige und exklusive Teil eines eher „lauten" Gesamtkomplexes aus hippen Restaurants, Bars und Clubs, die zur ersten Szene-Adresse Sydneys zählen. Konzipiert hat das Projekt Justin Hemmes, dessen Familienunternehmen neben drei weiteren Stadthotels auch in der Gastronomie und mit Modeboutiquen eine lokale Größe darstellt. Das im Zentrum der Stadt, unweit des Fährhafens „Circular Quay" und des touristischen Szeneviertels „The Rocks", gelegene Hotel hat nur 33 Zimmer und zwei doppelgeschossige Penthouse-Suiten.

Gestaltet sind die Räume in zwei verschiedenen Stilen: eher klassisch mit weichen Farben und dekorationsbetont oder

01

02

03

04

01 | Eine der neuesten Topadressen in Sydney ist das Establishment. Neben dem Hotel bietet es zahlreiche Bars, Clubs und Restaurants. Hier eine Sitzecke des Tank Nightclubs.

02 | Glasüberdachter Innenhof mit Garden Bar und Asian Kitchen.

03 | Hemisphere Lounge

04 | shushi-e Bar

05

06

07

05 | Eines der als „Classic Sheme“ bezeichneten Gästezimmer.

06 | Der versteckte Hoteleingang unterstreicht die Clubatmosphäre.

07 | Entspannungsecke im Tank Club.

minimalistisch und zeitgenössisch. Letztere, als „City Sheme" bezeichnete Kategorie, bedient sich der alten Gebäudestruktur als Lagerhaus und bezieht teilweise die alten Holzdecken und Balken in die Innenarchitektur mit ein. Große Fenster durchfluten die Räume mit Licht und verleihen ihnen Loftatmosphäre. Durch verschiedene Fußbodenmaterialien, wie Holzdielen, Stein oder Teppich sowie mit Podesten für die Betten sind die Räume in Wohn- und Schlafsegmente aufgeteilt. Sofas, Sessel, Schreib- und Beistelltische sowie Sideboards sind schlicht, modern und in dezenten Naturfarben. Geräumige Duschen, blaugefließte Wannen und Terrazzoböden geben den Badezimmern eine unaufdringliche, freundliche Eleganz.

„Classic Sheme" heißt die andere Zimmerkategorie. Sie ist nicht minder luxuriös, aber etwas plüschiger ausgestattet, mit blassen Teppichböden, auffallenden, eisfarbenen Tagesdecken aus Samt und etwas mehr Deko. Das Mobiliar ist aus gebleichter, amerikanischer Eiche und wird flankiert von gemusterten Vorhang- und Polsterstoffen. Die Badezimmer sind mit Kalksandstein ausgelegt.

Wegen seiner zentralen Lage und der in Sachen Nachtleben erfahrenen Betreiber, ist der vielfältige Gebäudekomplex zum Ausgeh-Magneten der gehobenen, einheimischen Kreativszene und zum Hotel Geheimtipp in Australiens größter Metropole geworden. Auf Nachtschwärmer wartet ein Design-Potpourri aus insgesamt acht Restaurants, Bars, und Clubs. Darunter die Establishment Bar und das Gourmet Restaurant Est in avantgardistisch aufgepeppter Kolonialwarenatmosphäre. Die für private Veranstaltungen einsetzbare Lounge Bar Hemisphere hat sogar eine eigene „sushi-e" Bar. Weiter gibt es die Tank Steam Bar, Street Bar, den Gaming Room sowie den zweistöckigen Tank Nightclub mit noch mehr Bars, Vip-Bereich und riesiger Tanzfläche. Insider meinen, der Club erscheine wie ein Aufeinandertreffen des legendären Studio 54 mit Paco Robanne. Unter einem Glas-Atrium, das die verschiedenen Gebäudeteile des Komplexes verbindet, gibt es schließlich noch die Garden Bar und Asian Kitchen.

08

08 | Gourmetrestaurant Est im Flair eines alten Warenhauses.

kirketon | sydney . australia

DESIGN: Iain Halliday

Mitten im schicken Szeneviertel Darlinghurst gelegen, bietet das Kirketon den perfekten Ausgangspunkt zur Erkundung der Stadt. Das aus dem Beginn der 30er Jahre stammende Gebäude ist, wie meist zu dieser Zeit, als schmaler, langer Block zwischen zwei Straßen gestellt. Die Herausforderung für den bereits für seine Restaurants und Läden bekannten Architekten Iain Halliday war also, die baubedingte Enge und mangelndes Tageslicht durch ansprechende Innenarchitektur auszugleichen. Dies ist ihm ausgezeichnet gelungen. So sind die Räume großzügig gehalten, mit hellen Materialien und leichten, modernen Möbeln ausgestattet. Großflächige Spiegel und eine ausgeklügelte Beleuchtung sorgen dafür, dass selbst die unmittelbar an die Nachbargebäude angrenzenden Räume mit wenig Tageslichtzufuhr freundlich wirken und sogar Sonnenstrahlen abbekommen. Richtig hell sind allerdings nur die jeweils vier, der Straße zugekehrten Zimmer. Wer Ruhe sucht, ist mit den Räumen im „Bauch" des Gebäudes freilich ohnehin besser bedient. Der teure Blick auf das Opernhaus ist einem von hier aus sowieso verwehrt, dafür kann man aber

01

02

03

01 | Das Kirketon befindet sich mitten in Darlinghurst, umgeben von der dichtesten Ansammlung von Restaurants, Bars und Boutiquen.

02 | Buchstaben aus Edelstahl zieren das eher unscheinbare Entree.

03 | Insgesamt acht Zimmer liegen an der Straßenseite und sind entsprechend hell. Ruhiger, aber auch dunkler sind die anderen 32 Räume.

ganz relaxt und ungestört im Eames Chair oder auf einer der bequemen Ledercouchen seinen Caffe Latte goutieren und die Morgenzeitung studieren. Und man geht drei Schritte aus dem Haus und befindet sich im pulsierenden, authentischen Leben der Stadt, fern jeder Touristenmassen. Mit seinen 40 Zimmern ist das Hotel nicht mehr ganz klein, aber immer noch in einer Größe, die private Atmosphäre ausstrahlt. Es hat das gewisse Etwas eines guten Clubs, nämlich Exklusivität und ein interessantes Publikum. Die Lobby Bar mutiert nach Büroschluss zu einem der angesagten Treffpunkte der umliegenden Kreativszene. Ein kulinarisches Highlight mit erstklassigen Kritiken ist das Restaurant „Salt and Pepper". Hier kocht der inzwischen auch über die Grenzen Sydneys hinaus bekannte Küchenchef Luke Magan australisch auf die feinste Art. Eine Mixtur, die toskanische mit afrikanischen oder provenzalische mit vietnamesischen Speisen zu neuen Kreationen vereint.

Nachteulen und bevorzugt junge Modeszene treffen sich im Fix. Die ganz in rot ausstaffierte Bar besteht eigentlich nur aus einem etwa zehn Meter langen Tisch, um den herum 25 Barhocker aufgestellt sind. Kommunikation ist hier praktisch in die Architektur eingebaut. Wenn hier nicht jeder Einlass findet, so mag das neben der „Kleine" des Raumes auch am hohen Anteil gutaussehender Menschen liegen, auf die der „Einlasser" Wert legt. An einen solchen Ort will eben auch jeder hin zum Gucken. Vor allem am Wochenende. Als Hotelgast hat man den Zugang jedenfalls immer in der Tasche, auch wenn man nicht Adonis oder Helena heißt.

04

05

04 | Lobby. Links Aufgang zu den Gästezimmern, dahinter die Hotelbar, die sich nach Büroschluss zum angesagten Szenetreff füllt.

05 | Rechts neben der Lobby befindet sich das „Salt and Pepper", eine von Sydneys Top-Adressen der „Nouvelle Cuisine".

Einen „Ort der Verführung" nennt Architekt Scott Weston das von ihm gestaltete Medusa, und spielt damit wohl auf die römische Auslegung des weiblichen Gorgonen-Ungeheuers an, nach der sie Züge kalter Schönheit trägt. Gleich in der Lobby empfängt den Gast über einem offenen Kamin ein Medusa-Gemälde, dessen schmerzlich verzerrter Schlangenkopf auch erotische Elemente aufweist.

Sonst hat die Lobby mit den Schreckensgemälden der griechischen Mythologie wenige Gemeinsamkeiten. Im Gegenteil: das helle Entree mit einem länglichen Pult vermittelt sofort eine heimelige, freundliche Atmosphäre. Das kleine, extravagante Hotel liegt im Stadtteil Darlinghurst. Hier gibt es die meisten Clubs und Bars, aber auch viele preiswerte Restaurants und Bistros. Im Unterschied zu dem direkt am Hafen gelegenen Gastroviertel „The Rocks", das wegen seiner malerischen Kulisse bei Touristen sehr beliebt ist, trifft man im eher modischen Darlinghurst die einheimischen Nachtschwärmer.

Das in Sydney aus der Gastronomieszene bekannte Geschwisterpaar Terry und Robert Schwamberg ist Eigentümer des Medusa. Mit dem farbigen Haus haben sie ihre Idee eines kleinen, persönlichen Stadthotels verwirklicht. Verbunden haben sie dabei zeitgemäßes Design mit familiärem Flair und exzellentem Service.

Jedes der 18 sehr individuell gestalteten Zimmer ist in einem anderen Farbton gehalten. Keines gleicht dem anderen. Die Details sind Ausdruck einer pointierten Kreativität, die bei den Gästen, vorwiegend aus der Mode- und Medienbranche, gut ankommt. Bei der Inszenierung der Räume findet jeder Lichtstrahl seine Funktion. Edle dunkle Holzvertäfelungen ergeben einen Kontrast zu den kräftigen Farben.

Die von jungen australischen Designern entworfenen Möbel sind vom britischen Purismus beeinflusst, haben aber dennoch ihren eigenständigen Charakter. Stilbildendes Merkmal in den Zimmern sind die Liegen, die wie eine Mischung aus dem Le-Corbusier-Klassiker und einem Kanapee aussehen. Jedes dieser Einzelstücke aus Leder könnte manche amüsante Anekdote erzählen.

Das kleine Design Hotel ist auch ein Geheimtipp für Kulturfreunde, denn ein Spaziergang via Woolloomooloo, durch den nahe gelegenen botanischen Garten, ist zugleich der schönste Fußweg zu dem berühmten Operngebäude.

01

02

03

04

01 | Der ideale Ort fürs Frühstück. Balkon mit Morgensonne und Blick über den Stadtteil Darlinghurst zur Elisabeth Bay.

02 | Intensive Farbgebung kennzeichnet den Stil des Hauses. Das Mobiliar haben junge Designer eigens für das Medusa entworfen.

03 | 04 Kopf der Medusa als Gemälde in der Lobby und Büste in einem der Gästezimmer.

DESIGN: Scott Weston

05

06

05 | Blick von der Terrasse in eines der schönsten Zimmer.

06 | Innenhof mit kleinem Wasserteich. Abgeschottet vom urbanen Leben findet man hier Erholung und Ruhe.

01

01 | Um die Ecke des Vergnügungsviertels Kings Cross befindet sich eines der chamantesten Boutiquehotels der Stadt.

02| Alle der 30 Studio-Appartements haben eine Kitchenette.

03 | Dachterrasse mit Panoramaaussicht. Der ideale Platz zum Arbeiten, für die Entspannung oder Grillparties.

02

03

regents court | sydney . australia

DESIGN: D 4 Design Group, Bill McMahon

Bars, Nachtclubs, Spielautomatenhallen und leicht beschürzte Mädchen gehören genauso zum Bild von Sydneys „Sündenmeile" Kings Cross, wie die nette Bäckerei, der preiswerte Fotoladen oder das Internetcafe.
So sprechen die Einheimischen zwar von ihrem „Rotlichtviertel" und es fehlt auch an nichts, was solchen Quartieren eigen ist. Dennoch ist es kein Fehler und schon gar nicht gefährlich, in dieser lebendigen Umgebung sein Domizil aufzuschlagen. Vor allem dann nicht, wenn man die Chance hat, in eines der sympatischsten Boutiquehotels der Stadt einzukehren.
Das 1926 erbaute, sechsstöckige Appartementhaus hatte die Eigentümerfamilie McMahon 1990 mit viel persönlichem Engagement in ein Gästehaus mit insgesamt 30 Studio-Appartements umgewandelt. Bestechend ist die für Stadthotels ungewöhnliche Größe der Räume. Sie sind wie luftige Einzimmerwohnungen angelegt, mit Kitchenette, Essecke, geräumigem Arbeitsplatz, komfortablem Bett und freundlichem Bad. Die Einrichtung ist durchweg schlicht und zweckmäßig. Gut isolierte Fenster und ausgezeichnete Matratzen gewährleisten einen ruhigen Schlaf. Holzlamellen Jalousien geben den Räumen stets ein angenehm diffuses Licht. Die Möblierung ist einfach und größtenteils in dunkleren Farbtönen gehalten.
Ein runder Tisch mit vier Stühlen ermöglicht, sich zum Frühstück auch einmal im Zimmer mit Freunden zu verabreden. Das Regents Court betreibt keine eigene Gastronomie. Dafür gibt es aber den legendären, im Preis enthaltenen Frühstückskorb, der zusammen mit der Tageszeitung jeden Morgen vor den Zimmern steht – mit frischen Croissants und anderem Gebäck, Toastbroten, Orangensaft, Müsli, Früchten und auf Wunsch auch Eiern. Eine Kleinigkeit, die viel zum Charme des Hauses beiträgt.

Die Eigentümer haben alle ihre Hotelerfahrungen auf Reisen offensichtlich gut notiert und in ihr Konzept eingearbeitet. Zumindest ist das eine gute Erklärung für die vielen kleinen Details, die das Leben Vielreisender in der Fremde erleichtern und ein Hotelzimmer zu dem machen, was es sein sollte. So gibt es zum Beispiel genügend Steckdosen, um gleichzeitig ein Laptop zu betreiben und den Akku des Mobiltelefons zu laden und das

04 | Eine sparsame, aber hochwertige Möblierung kennzeichnet den Stil der Räume.

05 | Hinter dem Bett befinden sich großvolumige Einbauschränke.

06 | Essecke neben der Kitchenette.

07 | Hoteleingang. Links befinden sich die Rezeption und ein Arbeitszimmer mit PC.

06

ohne eine Kabeltrommel mit sich herumzuführen. Wer seine E-Mails nicht im Zimmer abrufen möchte, kann dies auch in dem kleinen Aufenthaltsraum im Erdgeschoss tun, wo ein gut ausgestatteter Haus-PC zur Verfügung steht.

Am exklusivsten ist allerdings der Aufenthalt auf der Dachterrasse, die wie ein kleiner Freizeitpark angelegt ist, mit Skulpturen, den unterschiedlichsten Liegestühlen, einer kleinen, für die Gäste nutzbaren Küche inklusive Grill und Kaffeemaschine sowie viel Grün. Hier oben ist der ideale Ort für kreatives Arbeiten, geschäftliche Besprechungen, für ausgefallene Privatparties oder einfach nur zur Entspannung. Und, was man eigentlich gar nicht an die große Glocke hängen sollte, die Terrasse hat eine phantastische Panorama-Aussicht über Syndey und seine Buchten: Vom direkt an Kings Cross angrenzenden, vornehmen Potts Point über den Militärhafen und das renovierte Pier von Woolloomooloo, natürlich auf die berühmte Oper bis über die gesamte Skyline der Innenstadt.

07

matakauri lodge | queenstown . new zealand

DESIGN: Marc Scaife, Sue and Graeme Shaw

01

02

01 | Duplex Suite. Zur Verfügung stehen vier Villen sowie zwei Einbett- und eine Zweibett-Suite.

02 | Über dem Lake Wakatipu mit Blick auf die Alpen der Südinsel thront die Matakauri Lodge.

Wenige Orte auf der Welt bringen Hochgebirge, See- und Hügellandschaften, Weiden, bizarre Fjorde, Meer und Sonne so eng zueinander wie auf der Südinsel Neuseelands. Im Zentrum dieses einmaligen Naturschauspiels liegt mit Queenstown einer der beliebtesten Ferienorte des Landes. In der unmittelbaren Umgebung gibt es immerhin schon vier, noch ziemlich jungfräulich genutzte Skigebiete. Kein Wunder, wenn sich gerade einmal 3,8 Millionen Menschen auf einer Fläche von 270 Tausend Quadratkilometern ausbreiten dürfen. Zum Vergleich: In Deutschland tummeln sich 80 Millionen auf einer Fläche von 360 Tausend Quadratkilometern. Kurz, in Neuseeland und vor allem auf der Südinsel gibt es viel, sehr viel Platz. Dabei ist die Fläche weder Wüste noch Wasser, sondern bewohnbar und nutzbar. Solche Rechnungen sind Neuseeländern verständlicherweise nur bedingt willkommen. Gerne erhalten sie eines der letzten Paradiese auf Erden und umwerben lieber wenige, dafür aber am Land interessierte und ausgabefreudige Touristen. Diese werden mit „100% Natur" belohnt, wie die Werbung nicht nur verspricht sondern 100%ig einlöst.

Nun ist das am Lake Wakatipu gelegene Queenstown an sich schon sehr schön und auch gut versorgt mit anspruchsvollen Hotels. Nur schwer steigerungsfähig in Lage und Ausführung ist allerdings die Matakauri Lodge. Sie liegt erhaben zwischen den bewaldeten Hügeln und bietet einen umwerfenden Panoramablick auf den See und die südlichen Alpen. Allenfalls ein in der Ferne hin und wieder vorbei tuckernder Ausflugsdampfer erinnert daran, dass man sich trotz der überwältigenden Natur in einer perfekt organisierten, zivilisierten Infrastruktur bewegt. Die Lodge besteht aus einem Hauptgebäude, vier Villen und einem Spa-Pavillon. In enger Zusammenarbeit mit den Eigentümern Sue und Graeme Shaw schuf der Architekt Marc Scaife ein bestens in die Natur eingefügtes Stück moderner Architektur. Bestimmender Werkstoff ist Holz, der in Kombination mit blankem Mauerwerk im Freien und weiß verputzten Wänden im Innern sowie riesigen Glasfächen den Gebäuden Leichtigkeit und Stabilität verleiht. Da auf dem 3,5 Hektar großen Grundstück nur eine begrenzte Fläche baulich erschlossen werden durfte, sind Büro, Waschküche, Lager und Haushaltsräume alle unterirdisch. Entsprechend großzügig ausgelegt sind die Suiten im Haupthaus und die Gästezimmer in den umliegenden Villen. Zwischen Holzdielenböden und -decken

03 | Jede der vier Villen hat reichlich Fenster und Glaswände und teilweise sogar Glasausschnitte im Dach, um möglichst viele Ausblicke zu gewährleisten und Tageslicht einzufangen.

04 | Offene Kamine gehören ebenso zur Grundausstattung wie bequeme, nicht immer ganz geschmackssichere Couchgarnituren.

03

04

erstrecken sich die schneeweißen Wände, die das, durch die großen Fenster und teilweise verglasten Dachausschnitte hereinstrahlende Tageslicht noch zusätzlich verstärken. So sind die Räume selbst bei schlechtem Wetter hell und freundlich. Die Konstruktion ist so angelegt, dass das Gebäude tagsüber Sonnenlicht speichert und in der Nacht allmählich wieder abgibt. Zusätzliche Heizenergie ist deshalb nur wenig vonnöten. Ohne es groß zu Markte zu tragen ist eine ökologische Architektur und Gastronomie, die sich durch die Qualität der Bau- und Nahrungsrodukte auszeichnet, zentraler Baustein der Hotelphilosophie.

Die einzelnen Gebäude sind durch ein liebevoll angelegtes System kleiner Pfade und Gärten verbunden, die sich über dem felsigen Ufer entlang schlängeln. Als Marc Scaife in der Planungsphase immer wieder das Grundstück abschritt und so „die besten kreativen Ideen" entwickelte, empfand er eine „meditative Beziehung zum Wasser", das gegen die Steine plätscherte. Wer als Gast in seiner Badewanne liegt und auf das sanft wiegende Wasser des Lake Wakatipu und die dahinter sich auftürmenden Bergspitzen blinselt, kann das leicht nachvollziehen und euphorische Gefühle bekommen.

05

05 | Meditatives Baden heißt die Devise in dieser
Wanne mit spektakulärem Panoramablick.

whare kea lodge | lake wanaka . new zealand

DESIGN: John Mayne, Mayne & Bailieu Architects, Christopher Hasson, Inarc Design Group

01

Läge der Lake Wanaka in Mitteleuropa, wäre er wahrscheinlich dicht besäumt von herrschaftlichen Villen, auf jeden Fall voller Boote. Umsäumt vom Alpenpanorama der neuseeländischen Südinsel und eingerahmt von saftig grünen Wiesen liegt der See hier dagegen im Nichts. Wo sich in Europa Menschen sonnen würden, grasen hier Tausende von Schafen. Mitten in dieser, nahezu geisterhaft wirkenden Idylle liegt die Whare Kea Lodge (in Lautschrift „farei-kija"), ein Meisterstück neuseeländischer Holz- und Glasarchitektur.

Ursprünglich als Ferienanlage der Eigentümer, Martyn und Lousie Myer geplant, hat die Lodge als eine Art luxuriöses „Bed & Breakfast" ihre Pforten auch für bezahlende Gäste geöffnet und sich seither hinter vorgehaltener Hand zum erstklassigen Geheimtipp für Natur- und Architekturliebhaber entwickelt. Eine frühzeitige Reservierung ist freilich unbedingt zu empfehlen, da insgesamt nur sechs Zimmer zur Verfügung stehen. Wer das Glück hat eines dieser Refugien zu ergattern kann nicht nur die Stille mit atemberaubendem Panoramablick zur Entspannung genießen – direkt vor der Haustür beginnt zudem mit dem Mount Aspiring National Park einer der faszinierendsten Naturlandschaften überhaupt. Im Sommer ist es ein nahezu endloses Wandergebiet und im Winter nicht weniger aufregend zum Skifahren. Lifte sind dagegen nur wie die Stecknadel im Heuhaufen zu finden. Zu den schönsten Tiefschnee-Abfahrten lässt man sich hier mit dem Helikopter einfliegen. Wem derartige Aktivitäten zu langweilig erscheinen, findet in der direkten Umgebung beste Voraussetzungen für Wildwasserfahrten oder im sportversessenen, rund 100 Kilometer entfernten Queenstown die Chance an der Geburtsstätte des Bungee-Jumping den ersten Sprung in die Tiefe zu wagen.

Damit die Lodge-Bewohner die optischen Reize der Seen- und Alpenlandschaft auch von innen in vollen Zügen goutieren können, hat der aus Melbourne stammende Architekt John Mayne eine von Holz und Glas dominierende Leichtbauarchitektur gewählt, die allen erdenklichen Komfort eines luxuriösen Gästehauses gewährleistet und sich trotz oder gerade wegen seiner strengen geometrischen Formensprache ausgezeichnet in die Landschaft

02

03

04

01 | Einsamkeit pur findet man in der Whare Kea Lodge am Lake Wanaka auf der neuseeländischen Südinsel.

02 | Das Mini-Resort ist der ideale Ausgangspunkt für Ausflüge oder Helikopter Skiing in den südlichen Alpen, auf denen sensationelle, noch vollkommen unberührte Tiefschnee-Abfahrten zu finden sind.

03 | Bei der Architektur standen traditoinelle neuseeländische Schurhallen der Schaf-Farmen Pate…

04 | …statt Holz ist hier aber Glas der dominante Werkstoff.

05

06

einfügt. Bei der Planung holte Mayne sich Anleihen bei traditionellen neuseeländischen Schafschurhallen. Eine sehr schlanke, metallverstärkte Holzrahmenkonstruktion dient zur Halterung der raumhohen Glasscheiben. Die minimalistisch anmutende Ästhetik durchflutet die Räume nicht nur ganzjährig mit Tageslicht, in kalten Wintern dienen die Glasfronten auch zur Verstärkung der Heizung. An heißen Sommertagen lassen sie sich wie Schiebewände öffnen, um frische Luft hereinzulassen – ein einfaches System also, um den Klimaschwankungen gerecht zu werden.

Die Innenraumgestaltung wetteifert in ihrer Schönheit mit der Architektur des Gebäudes. Gut ausgesuchte Antiquitäten und Ethnokunst treffen auf passendes, modernes Mobiliar – alles umgeben von feinfühlig aufeinander abgestimmten Materialien und Farben. Den naturbelassenen Tischplatten und rauen Holzfußböden setzte der Designer Christopher Hasson persische Teppiche mit zeitgenössischen Motiven als Akzente entgegen. Der Charakter einer privaten Villa bleibt bestens erhalten: Die Regale stehen voll mit Literatur und Bildbänden, in die man sich bei schlechtem Wetter tagelang vertiefen könnte. An den Wänden hängen Gemälde und Photographien aus der Sammlung der Eigentümer. Für Geografiefans ein Leckerbissen ist die vollflächig auf eine Wand im Speisezimmer aufgezogene Karte der Umgebung. Beim gemeinsamen Dinieren mit exzellenten Speisen und Spitzenwein können die Gäste hier noch einmal ihre Wanderungen nachvollziehen und sich gegenseitig von ihren Tageserlebnissen erzählen - eine altbewährte und sichere Methode, sich in außergewöhnlicher Umgebung näher zu kommen. Kein Wunder, wenn sich die Abende bis tief in die Nacht hineinziehen können.

05 | Direkt von dem Hotel aus kann man Wanderungen in die faszinierende Natur unternehmen.

06 | Bei insgesamt nur sechs Gästezimmern ist auch kein großes Restaurant vonnöten. Das gemeinsame Dinner am langen Tisch ist kein Zwang, zählt aber zu den empfehlenswerten Erlebnissen.

07 | In der Abendstimmung kommt die Glasarchitektur besonders zur Geltung.

07

Land	Stadt	Adresse	Information	Architektur & Design	Seite
Dubai 		Al Maha Resort Head Office Sheikh Zayed Road, P.O. Box 7631 Dubai, Verein. Arab. Emirate www.al-maha.com	eröffnet 1998 Owner's Suite mit Räumen für Hauspersonal, 2 Royal Suiten und 27 Bedouin Suiten Salon, Bar, Speiseräume, Swimming Pool und Bibliothek Konferenzraum für bis zu 20 Personen 45 Minuten von Dubai und dem Flughafen	Rashid Taqui Schuster Pechtold & Partners	8
Indien 	Goa	Nilaya Hermitage Arpora Bhati Goa 403518 Indien www.nilayahermitage.com	eröffnet 1994 12 individuelle Gästezimmer Restaurant und Pool-Bar Tennisplatz und Pool, Gesundheitszentrum mit ayurvedischer Therapie, Dampfbädern, Massagen, Yoga und Meditation	Gerald De Cunha Dean D'Cruz Claudia Derain Hari Ajwani	10
	Neu Delhi	The Manor 77 Friends Colony (West) New Delhi 110065 Indien www.themanordelhi.com	eröffnet 1998 18 großzügige Gästezimmer Restaurant Seventy Seven und Onyx Bar inmitten eines 1,5 Hektar großen Landschaftsgartens Sauna und Fitnesscenter	Vinay Kapoor, UrbaCon Studio u+a limited, London	14
	Udaipur	Devi Garh P.O. Box 144 Udaipur 313001 Indien www.deviresorts.com	eröffnet 2000 23 Suiten und 7 Shikar Zelte Restaurant und Bar Konferenzsaal für bis zu 45 Personen Fitnesscenter, Dampfbad und Sauna, Massage 27km nordöstlich von Udaipur	Gautam Bhatia Navin Gupta Rajiv Saini Poddar Family	18
Indonesien 	Bali	Begawan Giri Estate P.O. Box 54, Ubud 80571, Bali Indonesien www.begawan.com	eröffnet 1999 3 Vier-Suiten Residenzen, 2 Fünf-Suiten Residenzen jeweils mit Wohn- und Speisepavillon, 2 Restaurants, Bar, Bibliothek, Amphitheater 1 eigener Swimming Pool je Residenz Kosmetik & Spa	Cheon Yew Kuan Terry Fripp Ratina Huliono Debbie and Bradley Gardner	24
	Bali	The Chedi Ubud Desa Melinggih Kelod Payangan, Gianyar 80572, Bali Indonesien www.chediubud.com	eröffnet 1997 54 Deluxe Zimmer, 4 Suiten Restaurant, Bar Konferenzraum für bis zu 30 Personen Swimming Pool, Gesundheitszentrum, Bibliothek, Drogerie, Boutique am Ayung Fluss zwischen Reisterrassen gelegen, 15 Minuten von Ubud	Kerry Hill Architects	28
	Bali	Four Seasons Sayan Gianyar 80361, Bali Indonesien www.fourseasons.com/sayan	eröffnet 1998 Konferenzräume für bis zu 30 Personen Ayung Terrace Restaurant, Riverside Cafe, Jati Bar Swimming Pool, Spa, Wellness und Fitnesscenter 10 Minuten von Ubud am Ayung Fluss gelegen	John Heah	32
	Bali	The Legian Jalan Laksmana Seminyak, Kuta 80361, Bali Indonesien www.ghmhotels.com/h_legian	eröffnet 1997 71 Suiten Restaurant im Brasserie-Stil, Pool-Bar Konferenzraum für bis zu 30 Personen, Bibliothek, Boutique Swimming Pool, Zugang zum Strand, Spa und Massage an der Balinesischen Westküste nördlich von Kuta gelegen	Jaya Ibrahim Jaya & Associates	38

Land	Stadt	Adresse	Information	Architektur & Design	Seite
Indonesien	Bali 	The Serai Manggis Buitan Manggis Karangasem 80871, Bali Indonesien www.ghmhotels.com/h_serai	eröffnet 1997 58 Gästezimmer und Suiten Restaurant, Bar Boutique, Swimming Pool, Zugang zum Strand, Mandara Spa im Südosten von Bali gelegen, in der Nähe des Dorfes Padang Bai	Kerry Hill Architetcs	42
	Central Java 	Amanjiwo Borobudur Central Java Indonesien www.amanjiwo.com	eröffnet 1997 35 Suiten mit strohgedeckten Pavillons Speiseräume, Terrasse und Bar, Pool Club Tennis-Zentrum, Massage, Meditationsgarten, Bibliothek Kunstgalerie und -Studio	Edward Tuttle	46
	Jakarta 	Dharmawangsa Jalan Brawijaya Raya, No. 26 Jakarta 12160 Indonesien www.dharmawangsa.com	eröffnet 1998 100 Gästezimmer, davon 36 Suiten Restaurants Sriwijaya und The Jakarta, 4 Lounges Klub Bimasena Spa, Hallen- und Freibäder voll ausgestattete Büro-Räume 7 Konferenzräume	Cheong Yew Kuan Jasin Tedjasukmana Sandy & Babcock Jaya Ibrahim	48
	Moyo 	Amanwana Moyo Island West Sumbawa Regency Indonesien www.amanwana.com	eröffnet 1994 20 luxuriöse Zelte mit Klimaanlage Restaurant und Bar, Terrassen, Speiseraum Sonnendeck, Bibliothek, Massage, Tauchen Moyo ist seit 1976 Naturschutzgebiet	Jean-Michel Gathy	50
Japan	Fukuoka 	Il Palazzo Toshihiro Sugitani 3-13-1 Haruyoshi, 910-0003 Chuo-Ku Fukuoka 810 Japan	eröffnet 1989 62 Gästezimmer und Suiten Restaurant, 4 Bars und Nachtclub Konferenzräume für bis zu 400 Personen	Aldo Rossi Morris Adjimi Shigeru Uchida Mitsuru Kaneko, Alfredo Arribas, Gaetano Pesce, Shiro Kuramata, Mark Ryan, Ettore Sottsass, Marco Zanini	56
	Kyoto 	Tawaraya Anenokoji-agaru Huya-cho Nakagyo-ku Kyoto 604 Japan	erbaut im 17. Jahrhundert 18 traditionelle japanische Zimmer Mahlzeiten werden im Zimmer serviert Japanische Badezeremonien, Bäder, Bibliothek		58
	Moji 	Mojiko Hotel 9-11 Minato-manchi Moji-ku Kitakyushu shi 801-8503 Fukuoka Japan	eröffnet 1998 134 Gästezimmer und Suiten Konferenzräume für bis zu 400 Personen Bar „Tempo", Restaurant „Portone" Veranstaltungshalle „Spazio"	Aldo Rossi Shigeru Uchida	52
	Nasu 	Niki Club 2301 Takakuotsu michichita Nasu-machi Nasu-gun Tochigi-ken 325-0303 Japan www.designhotels.com	eröffnet 1995 19 Gästezimmer und Suiten 2 Konferenzräume für bis zu 35 Personen eine Stunde von Tokyo entfernt Französisches Restaurant	Akira Watanabe Takashi Sugimoto graphic design: Kenichi Samura landscape design: Yoshiteru Oomine	60

Land	Stadt	Adresse	Information	Architektur & Design	Seite
Malaysia 	Langkawi	The Datai Jalan Teluk Datai 07000 Pulau Langkawi Kedah Darul Aman Malaysia www.ghmhotels.com/h_datai	eröffnet 1994 54 Deluxe Zimmer, 18 Suiten, 40 Villen 3 Restaurants, Bar, Beachclub Konferenzraum für bis zu 50 Personen, Bibliothek Gesundheitszentrum, 2 Swimming Pools, Zugang zum Strand, 2 Tennisplätze, 18-Loch Golfplatz	Kerry Hill Architects	62
	Lumut	Pangkor Laut Estates Marina Bay Pangkor Laut Island 32200 Lumut Perak Malaysia www.pangkorlautestates.com	eröffnet 2000 128 Villen verteilt über die Royal Bay Verschiedene Restaurants und Lounges Samudra Dining Room, Chapman's Bar und Sri Lagenda Lounge Konferenzräume für bis zu 150 Personen 3 Tennisplätze, 2 Pools, Spa und Fitnesscenter, Squashcourt	Baldip Singh Bullar YTL Design Group	66
	Terengganu	Tanjong Jara Batu 8, Off Dungun 23000 Dungun Terengganu Malaysia www.tanjongjararesort.com	eröffnet 1999 100 Gästezimmer und Villen Verschiedene Restaurants und Lounges Di Atas Sungei Restaurant, The Nelayan und The Teratai Terrace Konferenzzentrum für bis zu 100 Personen 2 Tennisplätze, 3 Pools, The Tanjong Club Fitnesscenter und Therapie-Einrichtungen	Baldip Singh Bullar YTL Design Group	68
Malediven 	Lhynaria Atoll	Kanuhura Beach Resort & Spa Lhaviyani Atoll Malediven www.kanuhura.com	eröffnet 2000 102 Strand- und Wasservillen sowie Suiten Thin Rah und Olive Tree Restaurants, 3 Bars, Disco, Havana Club und Lava Lounge Kanuhura Spa mit 9 Spa-Pavillons, Hydrotherapie, Massagen und Fitnesscenter	Tecton Architects, Male	70
	Baa Atoll	Soneva Fushi Resort Kunfunadhoo Island Baa Atoll Malediven www.six-senses.com/soneva-fushi	eröffnet 1995 62 Villen 3 Restaurants, Strand-Barbecue, 2 Bars Tauchschule, 2 Tennisplätze Six Senses Spa mit 8 Behandlungsräumen, 3 davon haben direkten Blick zum Meer	Dick Wells, Tebott & Wells Ismael Rasheed Riyan Design Dick	74
Myanmar 	Yangon	The Strand 92 Strand Road Yangon Myanmar www.ghmhotels.com/h_strand	erbaut 1901, wieder eröffnet 1993 31 Deluxe und Superior Suiten und „The Strand Suite" Restaurant, Bar, Café Business center	David Wordsworth Leigh & Orange Co. Ltd, Hongkong	76
Philippinen 	Pamalican	Amanpulo Pamalican Island Philippines www.amanpulo.com	eröffnet 1994 29 Strand-Casitas, 4 Treetop-Casitas, 5 Hillside-Casitas und 2 Deluxe Hillside-Casitas Clubhouse, Restaurant und Bar Beach Club, Pool, 2 Tennisplätze, Massage und Kosmetik, verschiedene Wassersportarten und Tauchen	Bobby Manosa	78
Singapur 		Gallery Evason 76 Robertson Quay Singapore 238254 Singapur www.six-senses.com/gallery	eröffnet 2000 222 Gästezimmer 3 Restaurants, Wein-Bar, Pool Bar, The Orb Lounge, Soundbar Chill-out-Pub, Liquid Room Disco gläserner Pool, Spa und Gesundheitszentrum 25 Minuten vom Changi Airport gelegen	William Lim Tang Guan Bee	80

Land	Stadt	Adresse	Information	Architektur & Design	Seite
Taiwan 	Taipeh	United Hotel No. 200 Kwang-Fu South Road 106 Taipeh Taiwan www.united-hotel.com.tw	wieder eröffnet 1999 243 Gästezimmer darunter 17 Suiten 2 Restaurants, Cooper Bar Konferenzräume und Businesscenter Fitnesscenter und Sauna 55km vom Chang-Kai Shek Airport entfernt	Lu Shi-Chieh	84
Thailand 	Bangkok	The Sukhothai 13/3 South Sathorn Road 10120 Bangkok Thailand www.sukhothai.com	eröffnet 1991 146 Gästezimmer und 78 Suiten 3 Restaurants, The Bar, Lobby Salons und 2 Speisesäle 24-Stunden Businesscenter und Konferenzräume für bis zu 300 Personen, eigene Büroräume Pool, Gesundheits- und Fitnesscenter, Sauna, Massage Squashcourt und Tennisplatz	Edward Tuttle	86
	Koh Samui	Muang Kulaypan Hotel 100 Moo 2, North Chaweng Road, Koh Samui, 84310 Suratthani Thailand www.kulaypan.com	eröffnet 1996 41 Gästezimmer darunter 7 Hochzeits-Suiten und 1 VIP Suite Budsaba Restaurant und Kula Bar Pool, Leseraum und Tour-Service 10 Minuten vom Koh Samui Airport	M.L. Archava Varavana	90
	Phuket	The Chedi Phuket Pansea Bay 118 Moo 3. Choeng Talay 83110 Phuket, Thailand www.chedi-phuket.com	wieder eröffnet 1995 89 Ein- und 19 Zwei-Schlafzimmer Cottages 3 Restaurants, Bar Konferenzraum für bis zu 50 Personen Pool, Bibliothek, Spa 2 Flutlicht-Tennisplätze, Wassersport	Edward Tuttle Jon Vorapot Somton	94
Vietnam 	Nha Trang	Ana Mandara Beachside Tran Phu Boulevard Nha Trang Vietnam www.six-senses.com/ana-mandara	eröffnet 1997 68 Villen mit Veranda An Nam Restaurant, Veranda und Pool Bars Business center und Konferenzraum für bis zu 50 Personen Pool, Bibliothek, Spa mit Aromatherapie-Massage Tauch-Center, Tennis, Wassersport	Le Long Duc, VIC consultants	96
Australien 	Melbourne	Lindrum Hotel 26 Flinders Street Melbourne, Victoria 3000 Australien www.hotellindrum.com.au	eröffnet 1999 59 Gästezimmer und Suiten, Restaurant, Bar and Speiseraum voll ausgestatteter Konferenzraum Bibliothek, Billard-Raum, Lounge mit offenem Kamin	Swaney Draper Architects Terry Fripp Neil Bradford	98
	Melbourne	Prince 2 Acland Street Melbourne, Victoria 3182 Australien www.theprince.com.au	eröffnet 2000 40 Gästezimmer Mink Wodka Bar, Prince Wine Store, The Prince Bar, Il Fornaio Café und Konditorei, Circa Restaurant, The Bandroom Pool und Fitnesscenter, Aurora Spa mit Wasser-Therapien, Massage und Kosmetik-Behandlungen	Paul Hecker	100
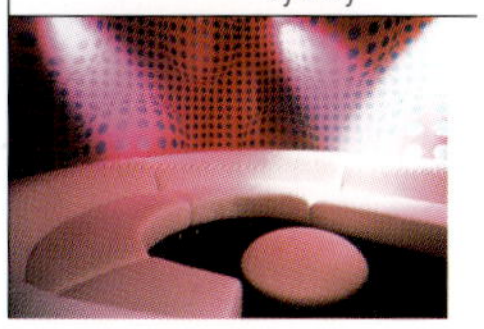	Sydney	Establishment 252 George Street Sydney, NSW 2000 Australien	eröffnet 2000 33 Gästezimmer und 2 Penthouse Suiten 6 Bars, darunter Hemmesphere Lounge Bar, Restaurant, Ballsaal, Tank Nachtclub Spielsaal, eigener Übungsraum	Crone & Associates, Sydney Andrew Parr SJB Design, Melbourne Justin & Bettina Hemmes, Merivale Group	102

Land	Stadt	Adresse	Information	Architektur & Design	Seite
Australien 	Sydney	The Kirketon 229 Darlinghurst Road Sydney, NSW 2010 Australien www.kirketon.com.au	eröffnet 1999 40 Gästezimmer Restaurants Salt und FIX, Champagner Bar, Kleine Nebenräume Konferenzraum für bis zu 40 Personen in Geh-Distanz zum Mode-Distrikt, Shopping, Clubs etc.	Iain Halliday	106
	Sydney	The Medusa 267 Darlinghurst Road Sydney, NSW 2010 Australien www.medusa.com.au	eröffnet 1998 18 individuell gestaltete Studios Bar, Bibliothek in Geh-Distanz vom Opernhaus 15 Minuten mit dem Taxi zum Kingsford-Smith Airport	Scott Weston	108
	Sydney	Regents Court 18 Springfield Avenue Sydney, NSW 2011 Australien www.regentscourt.com.au	eröffnet 1990 30 Studio-Appartements mit Küche kleiner Konferenzraum Dachgarten, Büro-Einrichtungen mitten im Geschäftsbezirk gelegen.	D 4 Design Group Bill McMahon	110
Neuseeland 	Queenstown	Matakauri Lodge Glenorchy Road P.O.Box 888 Queenstown Neuseeland www.matakauri.co.nz	eröffnet 1999 4 Villen und 3 Suiten Speiseraum und Weinkeller, Atrium, Lounge Bibliothek, Sauna, Übungsraum, Hot Tub im Freien Massage und Kosmetik verschiedene Wassersportarten und Ski	Marc Scaife Sue and Graeme Shaw	114
	Lake Wanaka	Whare Kea Lodge Mt. Aspiring Road P.O.Box 115 Lake Wanaka Neuseeland www.labrinth.net.au/~wharekea	eröffnet 1998 2 Suiten und 4 Gästezimmer Speiseraum, Bar-Bereich, Lounge Spielzimmer, Spa Tub im Freien, Sonnenterrasse und Massage-Einrichtungen verschiedene Wassersportarten und Ski	John Mayne Mayne & Bailieu Architects, Melbourne Inarc Design Group, Melbourne	118

ARCHITEKTEN & DESIGNER

Name	Projekt	Seite
Morris Adjimi	Il Palazzo	56
Hari Ajwani	Nilaya Hermitage	10
Alfredo Arribas	Il Palazzo	52
Baldip Singh Bullar	Pangkor Laut Estates Marina Bay	66
	Tanjong Jara	68
Tang Guan Bee	Gallery Evason	80
Gautam Bhatia	Devi Garh	18
Neil Bradford	Lindrum Hotel	98
Crone & Associates, Sydney	Establishment	102
D4 Design Group	Regents Court	110
Dean D'Cruz	Nilaya Hermitage	10
Gerald De Cunha	Nilaya Hermitage	10
Claudia Derain	Nilaya Hermitage	10
Le Long Duc	Ana Mandara	96
Terry Fripp	Lindrum Hotel	98
	Begawan Giri Estate	24
Debby Gardner	Begawan Giri Estate	24
Bradley Gardner	Begawan Giri Estate	24
Jean-Michel Gathy	Amanwana	50
Navin Gupta	Devi Garh	18
Iain Halliday	The Kirketon	106
John Heah	Four Seasons Resort Sayan	32
Paul Hecker	The Prince	100
Justin Hemmer	Establishment	102
Bettina Hemmer	Establishment	102
Kerry Hill Architects	Chedi Ubud	28
	The Serai Manggis	42
	The Datai	62
Ratina Huliono	Begawan Giri Estate	24
Jaya Ibrahim, Jaya & Associates	Dharmawangsa	48
	The Legian	38
Inarc Design Group, Melbourne	Whare Kea Lodge	118
Mitsuru Kaneko	Il Palazzo	52
Vinay Kapoor, UrbaCon, London	The Manor	14
Cheong Yew Kuan	Begawan Giri Estate	24
	Dharmawangsa	48
Shiro Kuramata	Il Palazzo	52
Leigh & Orange Co. Ltd, HK	The Strand	76
William Lim	Gallery Evason	80
Bill MacMahon	Regents Court	110
Bobby Manosa	Amanpulo	78
John Mayne	Whare Kea Lodge	118
Mayne & Bailieu Architects	Whare Kea Lodge	118
Yoshiteru Oomine	Niki Club	60
Andrew Parr	Establishment	102
Gaetano Pesce	Il Palazzo	52
Lekha Poddar	Devi Garh	18
Ismail Rasheed	Soneva Fushi	74
Aldo Rossi	Il Palazzo	52
	Mojiko Hotel	56
Mark Ryan	Il Palazzo	52
Rajiv Saini	Devi Garh	18
Kenichi Samura	Niki Club	60
Sandy & Babcock	Dharmawangsa	48
Toshi O. Satow	Tawaraya	54
Marc Scaife	Matakauri Lodge	114
Schuster Pechtold & Partners	Al Maha Resort	8
Graeme Shaw	Matakauri Lodge	114
Sue Shaw	Matakauri Lodge	114
Lu Shi-Chieh	United Hotel	84
Baldip Singh Bullar	Pangkor Laut Estates	66
	Tanjong Jara	68
SJB Design Melbourne	Establishment	102
Jon Vorapot Somton	The Chedi Phuket	94
Ettore Sottsass	Il Palazzo	52
Studio u+a limited, London	The Manor	14
Takashi Sugimoto	Niki Club	60
Swaney Draper Architects	Lindrum Hotel	98
Rashid Taqui	Al-Maha Resort	8
Tecton Architects, Male	Kanuhura Resort & Spa	70
Jasin Tedjasukmana	Dharmawangsa	48
Edward Tuttle	Amanjiwo	46
	Chedi Phuket	94
	The Sukhothai	86
Shigeru Uchida	Il Palazzo	52
	Mojiko Hotel	56
M.L. A. Varavana	Muang Kulaypan	90
Akira Watanabe	Niki Club	60
Dick Wells	Soneva Fushi	74
Scott Weston	The Medusa	108
YTL Design Group	Pangkor Laut Estates	66
	Tanjong Jara	68
Marco Zanini	Il Palazzo	52

FOTONACHWEIS

Name	Seite (Fotos)
Al Maha	8 (01-03)
Amanresorts	46 (alle), 47 (alle), 50 (alle), 51 (03), 78 (alle), 79 (04), 123 (02, 04), 127 (07)
Ana Mandara	96 (alle), 97 (03), 125 (05)
Roland Bauer	Umschlag, 5 (07), 6 (10), 28 (alle), 29 (alle), 30 (alle), 31 (alle), 32 (alle), 33 (03), 34 (alle), 35 (07), 36 (01,02), 37 (04), 38 (05), 39 (06, 08), 40 (09), 41 (alle), 42 (01), 43 (alle), 44 (alle), 45 (alle), 122 (06, 07, 08), 123 (01), Umschlag Rückseite
Begawan Giri	24 (01), 25 (02-03), 26 (alle) 27 (alle), 122 (05)
Dharmawangsa	48 (alle), 49 (alle), 123 (03)
Establishment	102 (alle), 103 (04), 104 (alle), 105 (08), 125 (08)
Gallery Evason	80 (01), 81 (alle), 82 (05), 83 (alle), 124 (08)
GHM	62 (01), 63 (02), 64 (alle), 65 05), 94 (alle), 95 (alle), 124 (01), 125 (04)
John Heah	36 (03), 39 (07)
Bärbel Holzberg	9 (04), 122 (01)
Il Palazzo	4 (02), 51 (allc, 53 (04), 123 (05)
Lindrum	98 (alle), 99 (03), 125 (06)
Manor Delhi	16 (08)
Bill McMahon	110 (01), 111 (03), 112 (04)
Mojiko	56 (alle), 57 (05), 58 (alle), 59 10), 123 (07)
Muang Kulaypan	90 (01), 92 (alle), 93 (alle),125 (03)
Niki Club	6 (08), 60 (01), 61 (alle), 123 (08)
Prince	5 (05), 100 (01), 101 (alle), 125 (07)
Doc Ross	114 (01), 115 (02), 116 (alle), 117 (05), 126 (04)
Aldo Rossi	55 (06), 59 (11)
Soneva Fushi	74 (01), 75 (alle), 124 (05)
Strand	76 (alle), 77 (alle), 124 (06)
Sukhothai	4 (01), 5 (04), 86 (alle), 87 (05), 88 (alle), 89 (alle), 125 (02)
Tawayara	5 (06), 54 (alle), 55 (alle), 123 (06)
United	84 (alle, 85 (alle), 125 (01)
Archava Varavana	91 (02)
Whare Kea	118 (01), 119 (alle), 120 (05), 121 (alle), 126 (05)
YTL	66 (alle), 67 (04), 68 (01), 69 (alle), 124 (02,03)

Alle anderen Fotografien: Martin N. Kunz, Stuttgart

Die Deutsche Bibliothek - CIP-Einheitsaufnahme

Best designed hotels in Asien, Australien & Neuseeland :
faszinierende Spitzenhäuser und Resorts für Ästheten /
Martin Nicholas Kunz ; David Kaufmann. - Ludwigsburg :
av-Ed., 2001
Engl. Ausg. u.d.T.: Best designed hotels in Asia, Australia
& New Zealand
ISBN 3-929638-96-7

Zusammenstellung & Texte | Martin Nicholas Kunz
Recherche, Redaktion und Übersetzungen | Scott Michael Crouch
Grafik | Stephan Beisser, Büro ecco!, Augsburg
Produktion | Markus Hartmann, Martina Weißer
Druck | Sellier Druck GmbH, Freising

Besonderer Dank an:
Julia Gajack, Four Seasons Hotels, Bali | Trina Dingler Ewert,
Amanresorts Headquarters, Hong Kong | GHM Hotels, Bali |
Nadege Noblet, Emirates, Dubai | Dagmar von Tschurtschenthaler,
München | Mira Szarata, design hotels, Bali | Janardan Singh,
Udaipur | Shirley Fujikawa & Manivone Marvin, UrbaCon,
London | Claudia Derain & Hari Ajwani , Nilaya Hermitage, Goa |
Neeta Gupta & Familie Poddar Devi Garh, Udaipur | Familie
MacMahon, Regents Court, Sydney | Jean-Paul Rebischung, YTL
Hotels | Luis Fernandez, Darmawangsa, Jakarta
und design hotels™ – http://www.designhotels.com

ISBN: 3-929638-96-7

Printed in Germany

lebensart global networks AG – division publishing
Konrad-Adenauer-Allee 35-37 | 86150 Augsburg
p +49-821-34545-928 | f +49-821-34545-925

publishing@lebensart-ag.com | http://www.lebensart-ag.com

avedition GmbH
Königsallee 57 | 71638 Ludwigsburg
p +49-7141-1477-391 | f +49-7141-1477-399

info@avedition.de | http://www.avedition.de